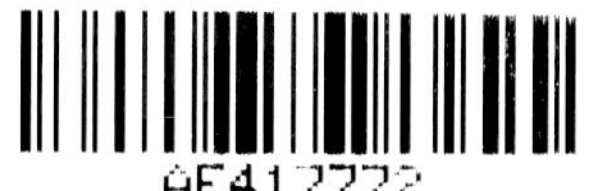

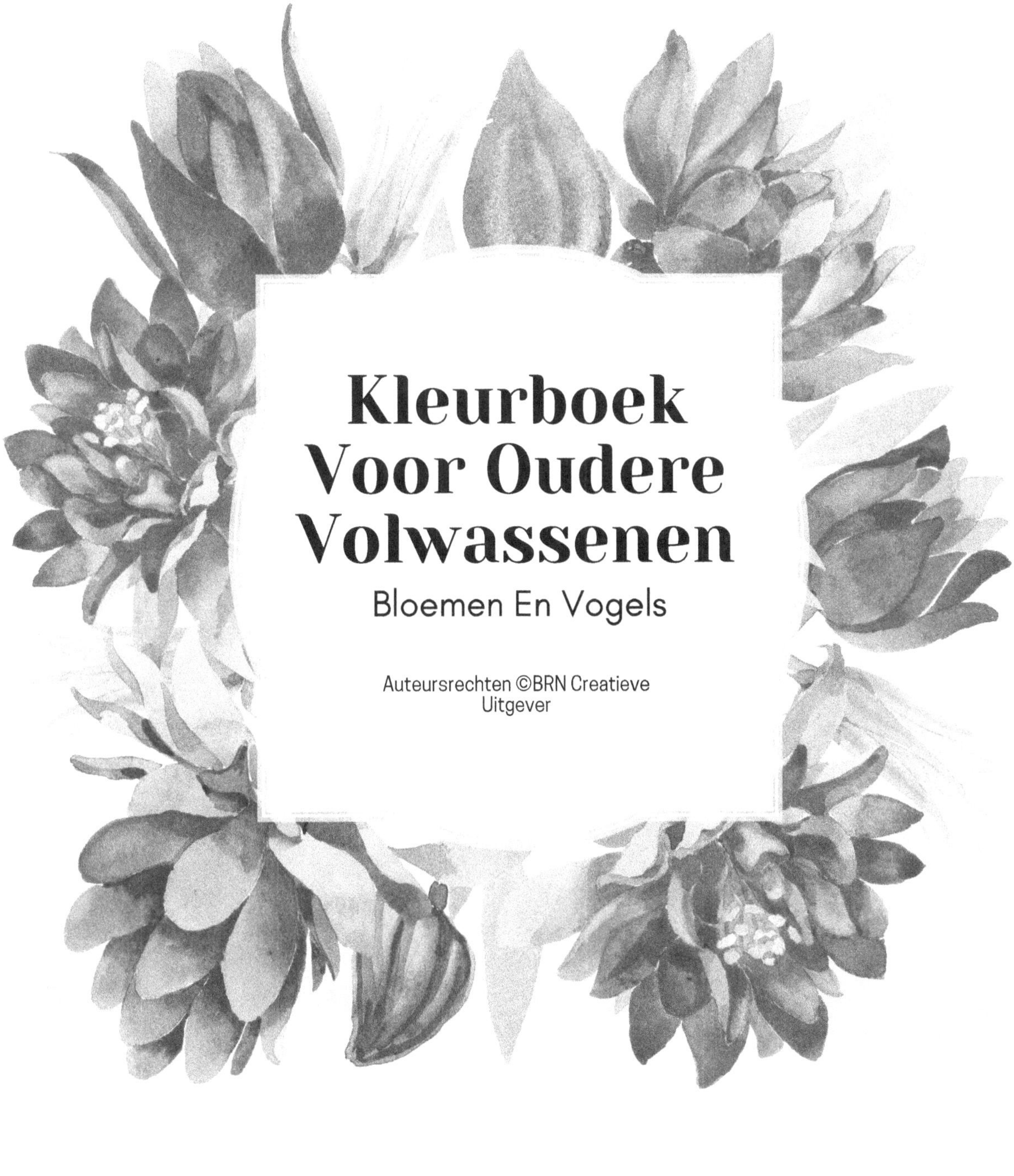

Kleurboek Voor Oudere Volwassenen

Bloemen En Vogels

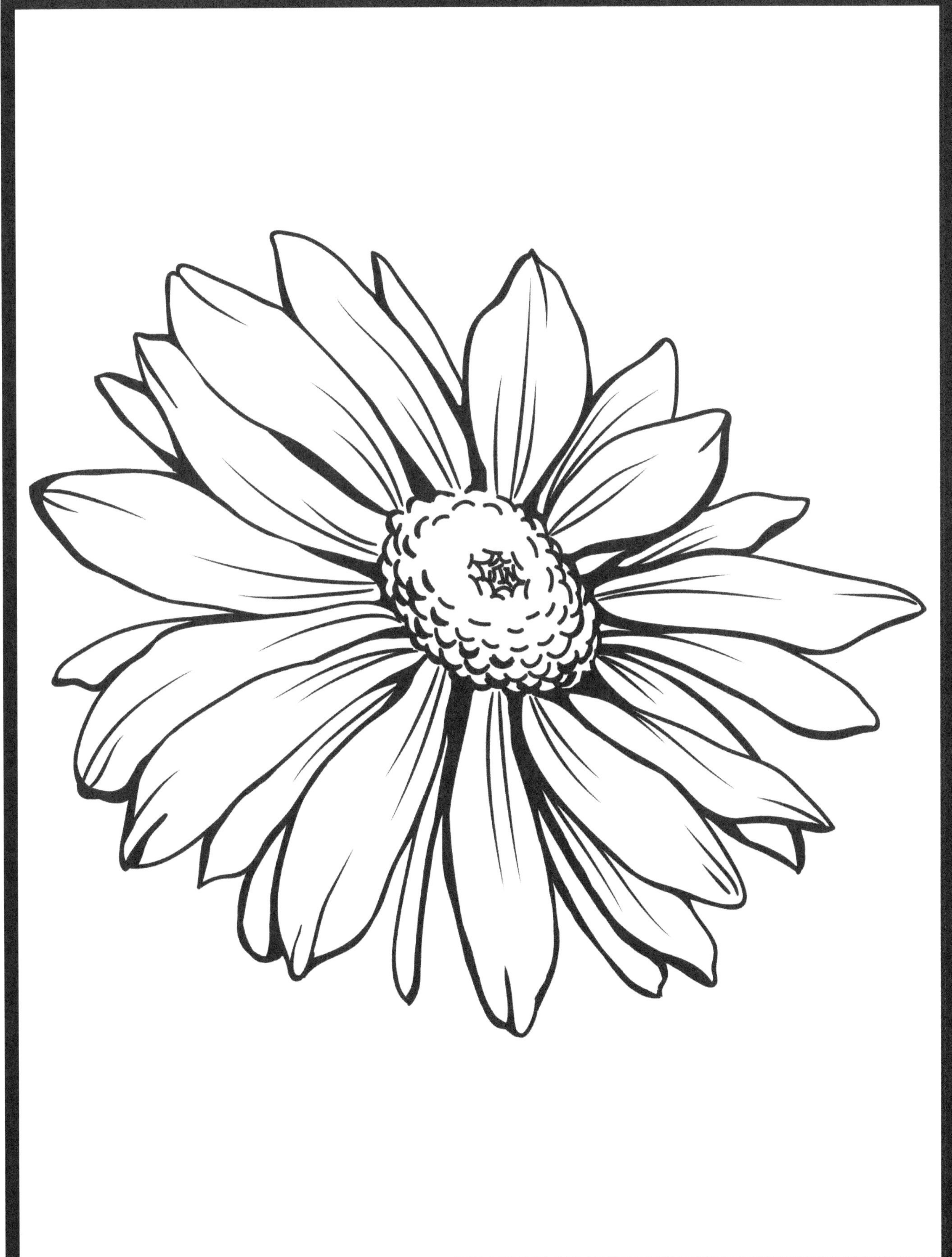

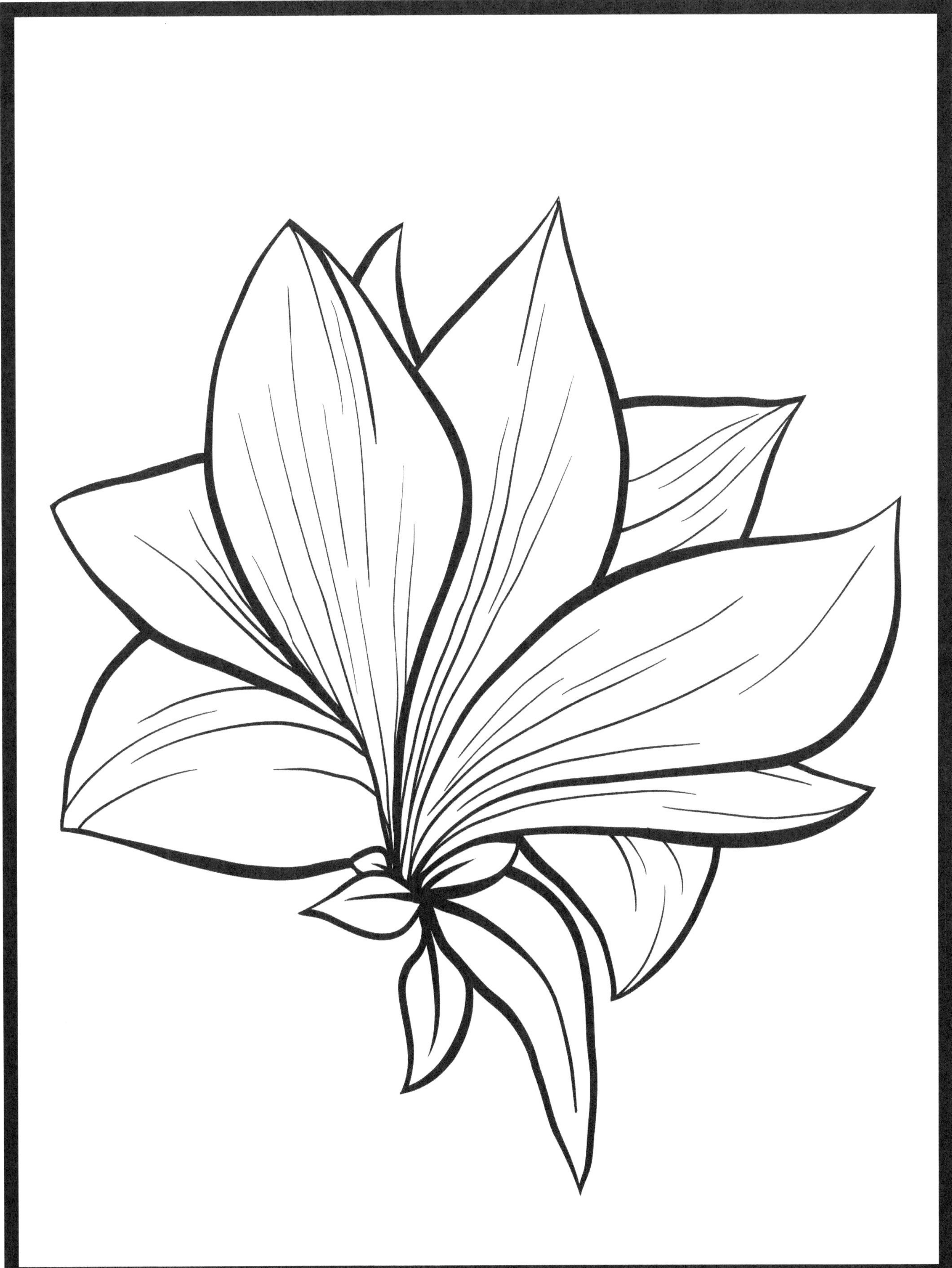

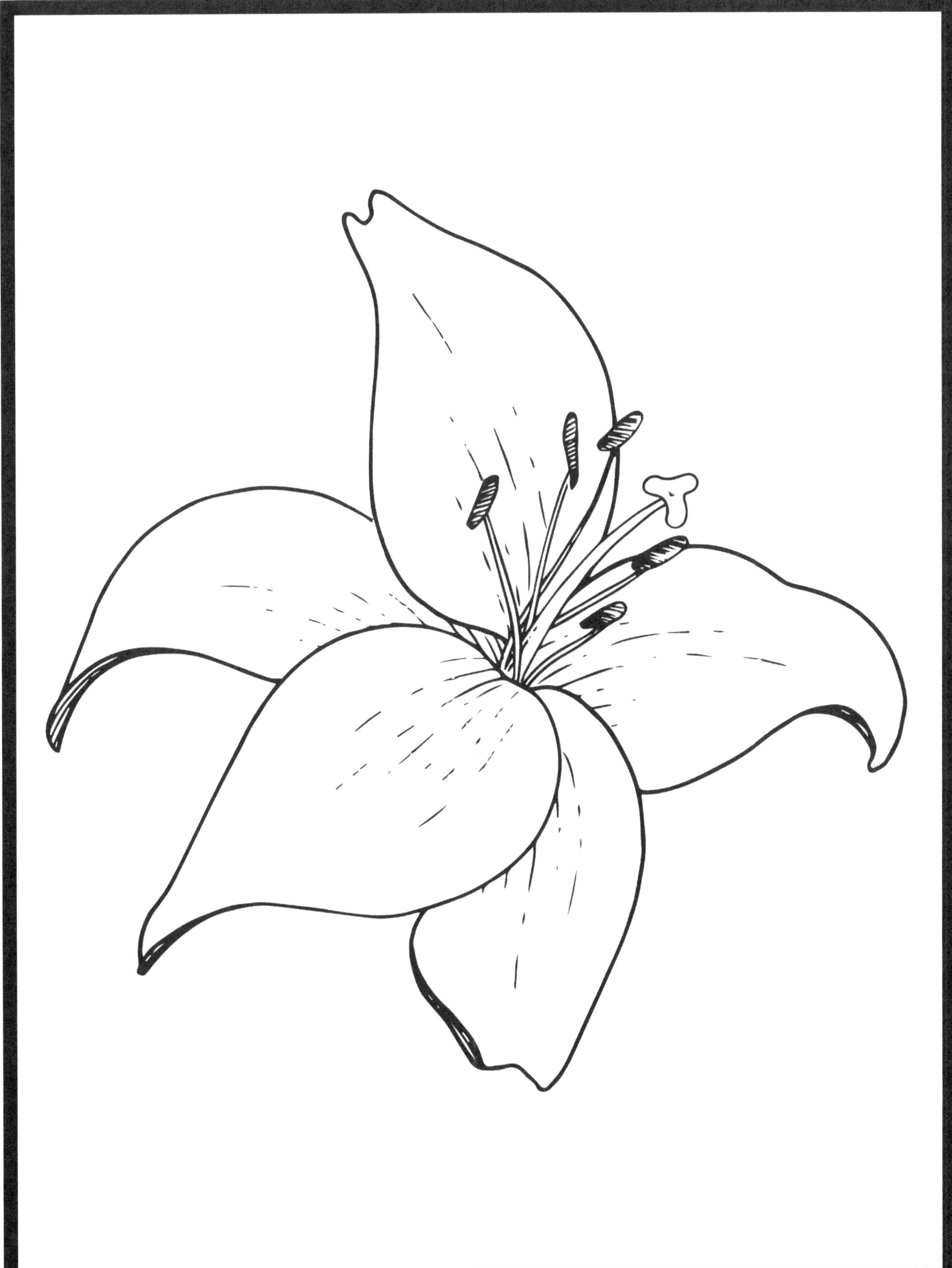

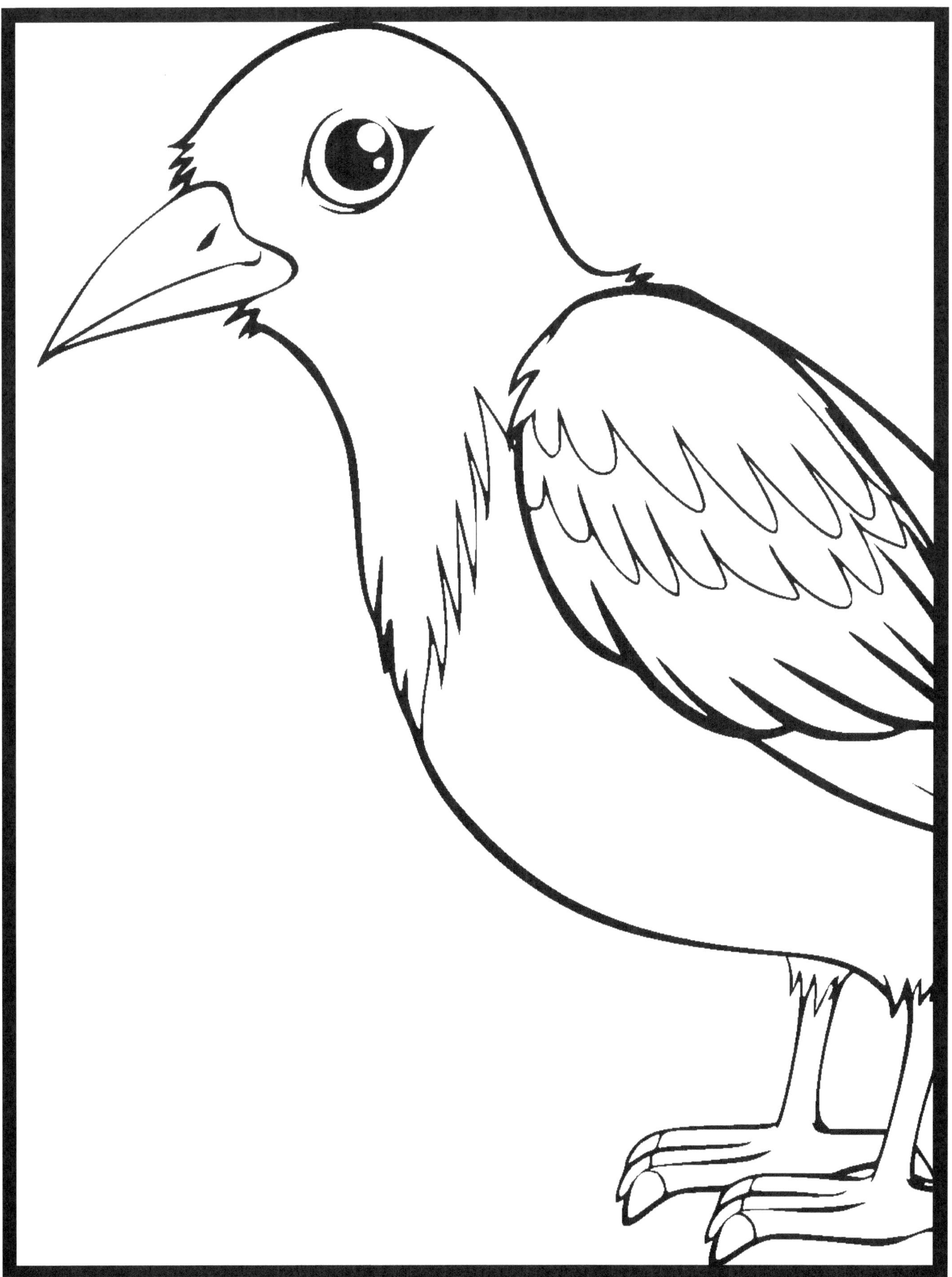

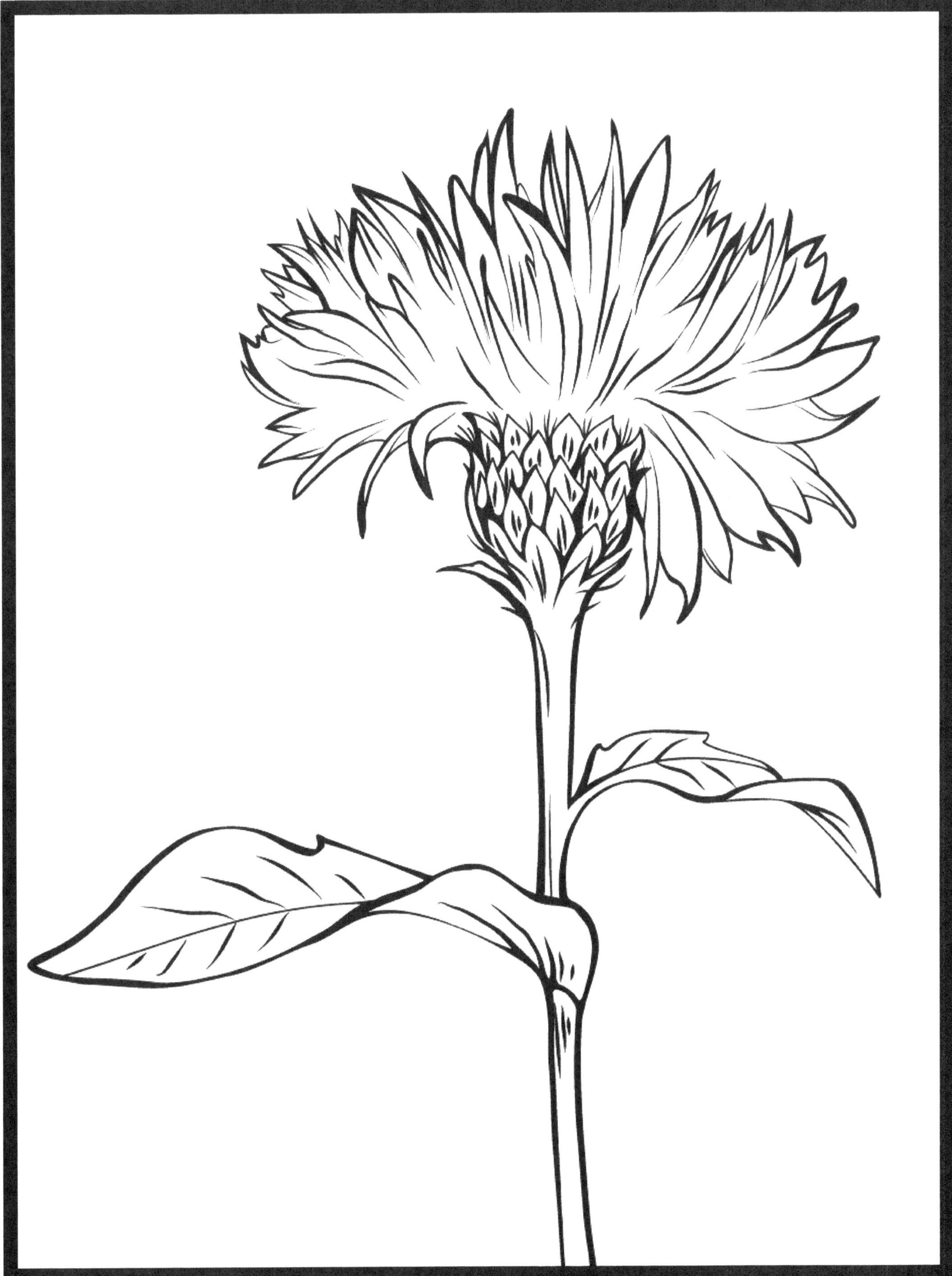

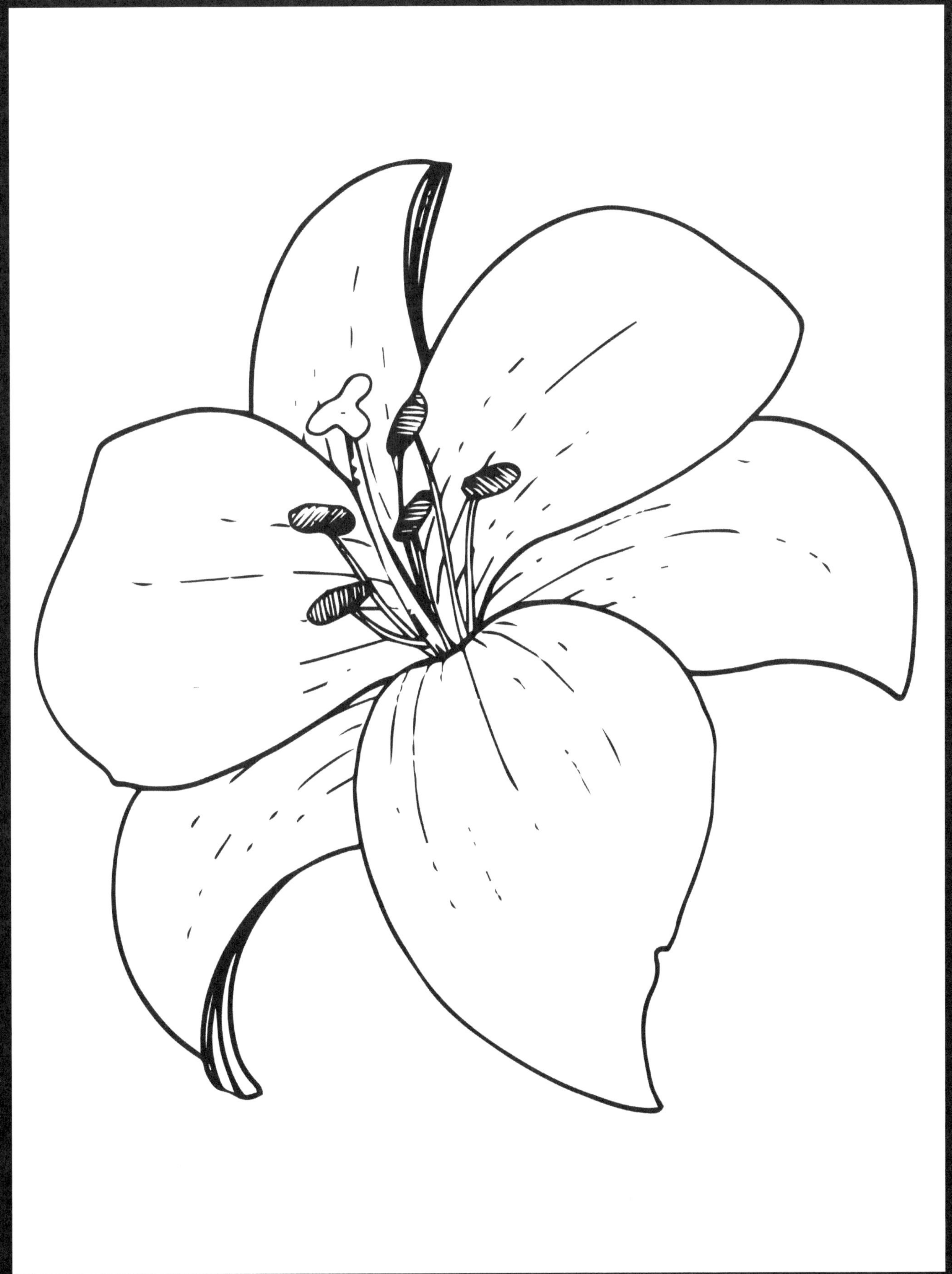

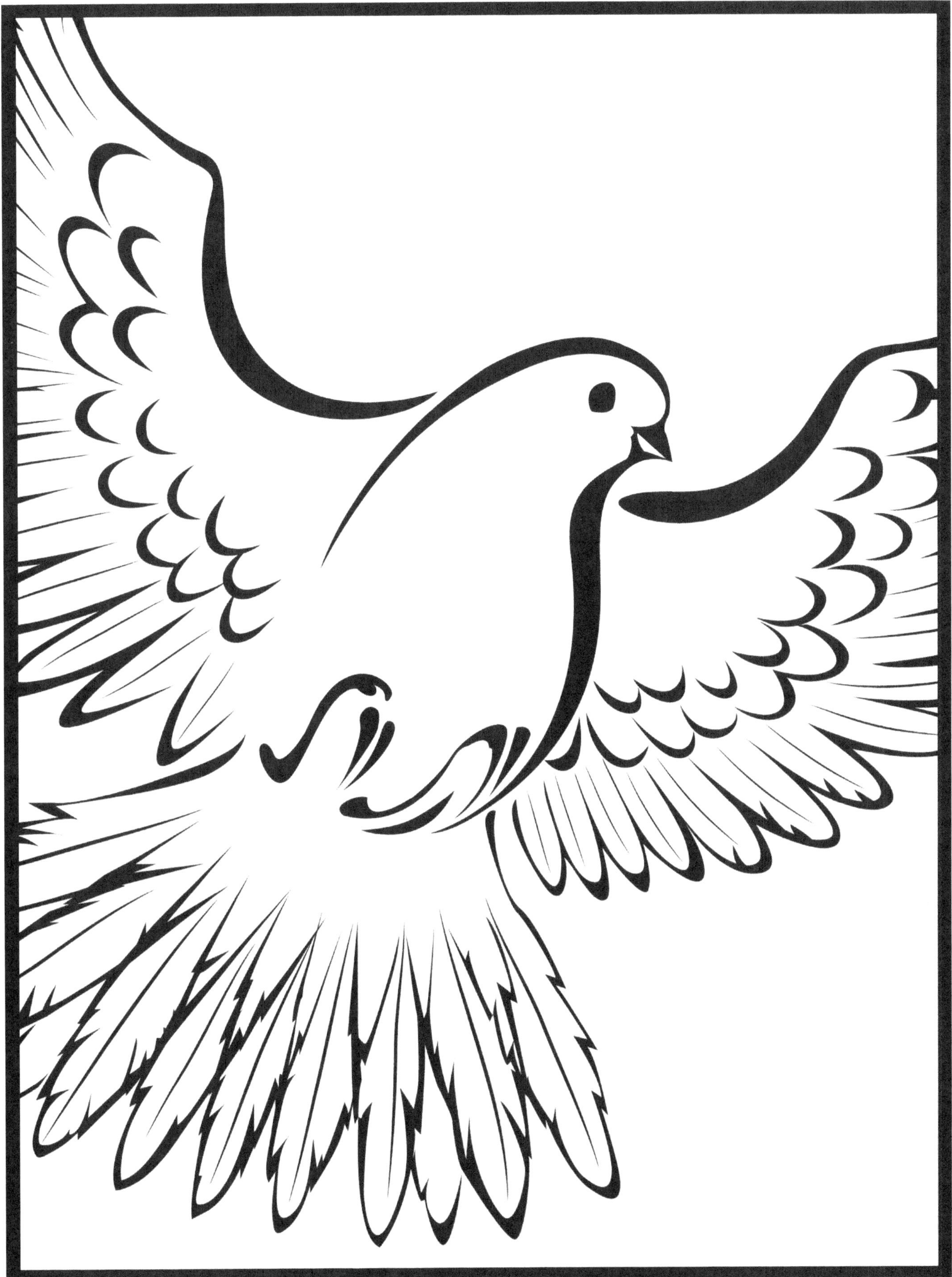

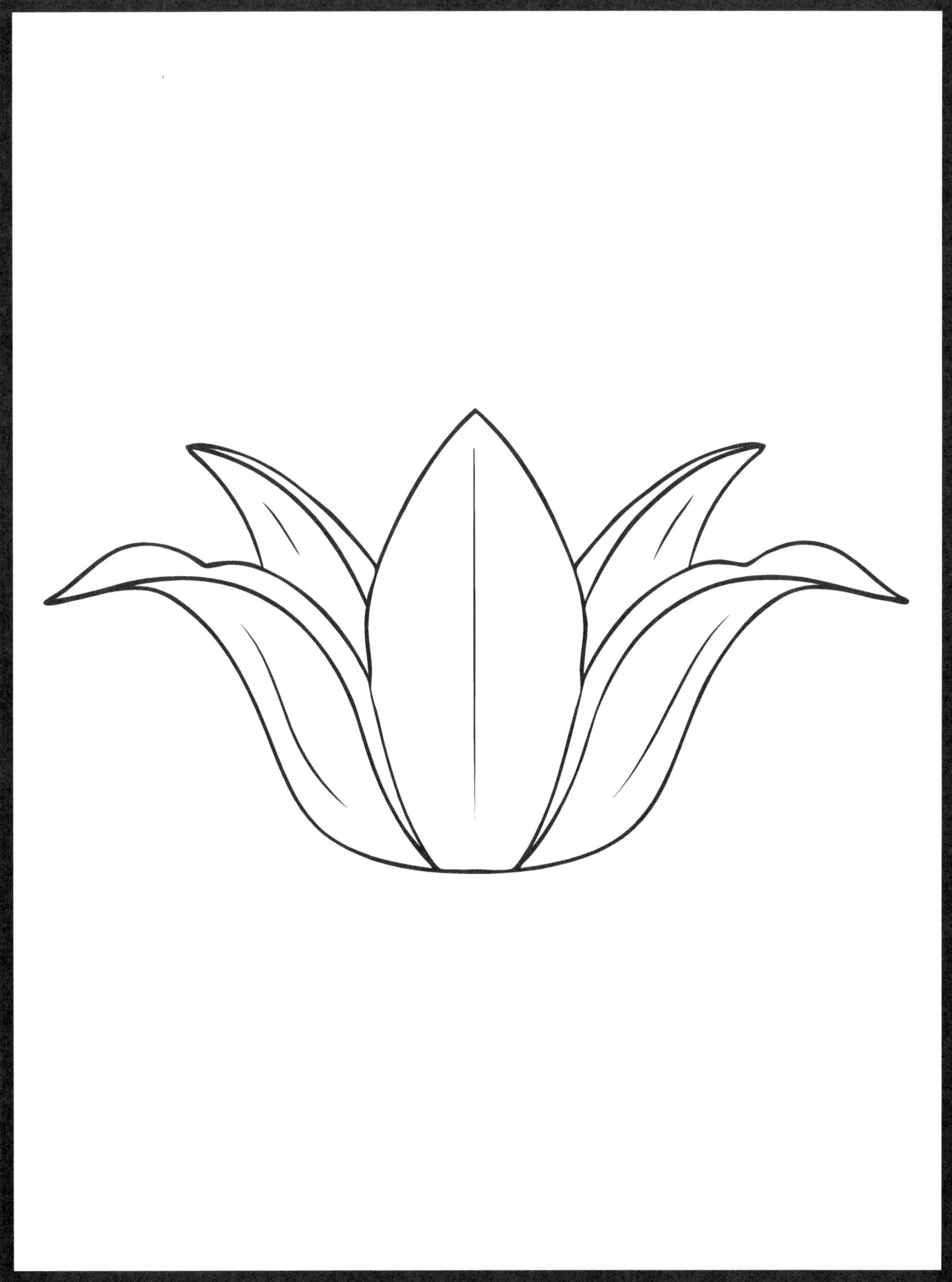

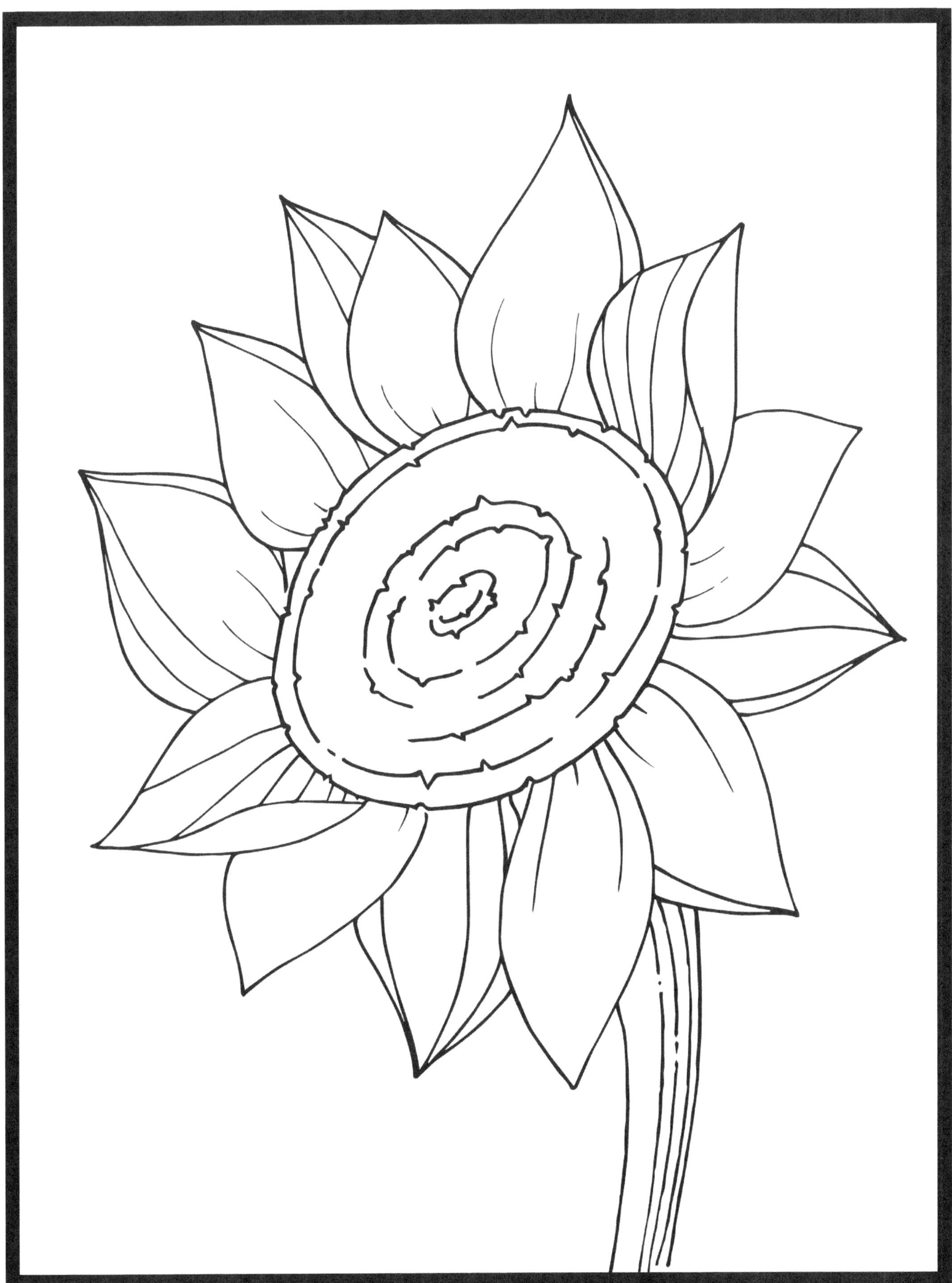

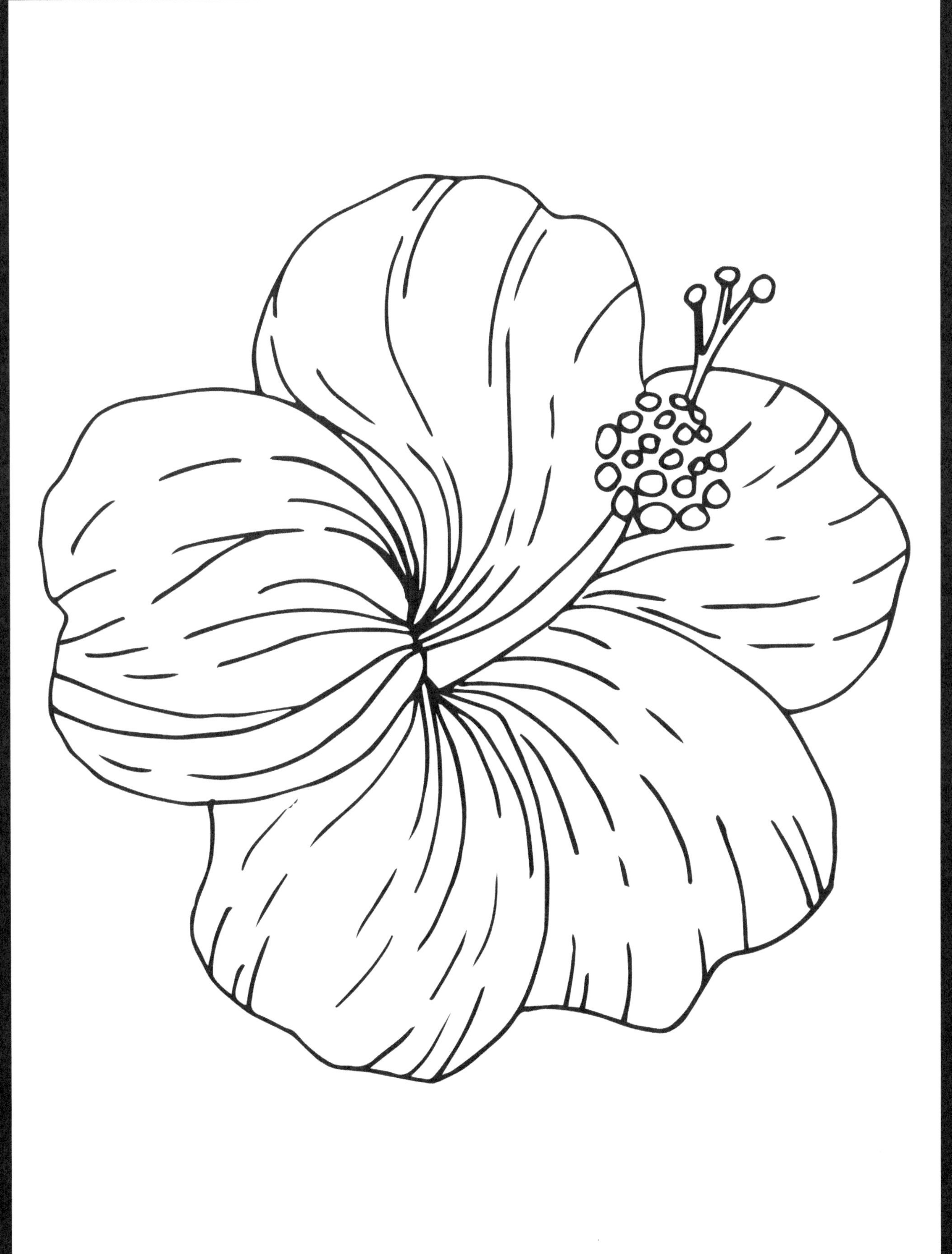

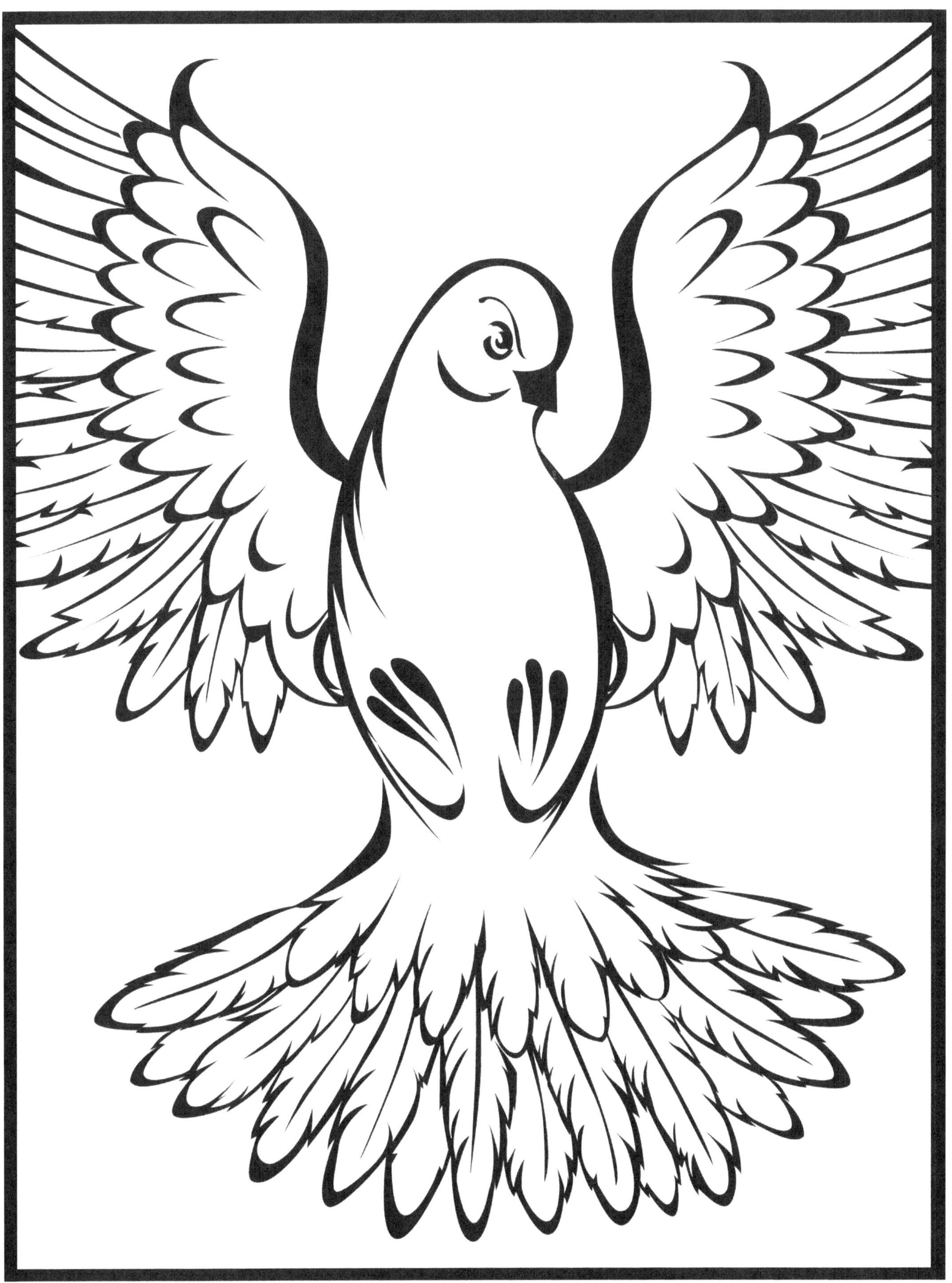

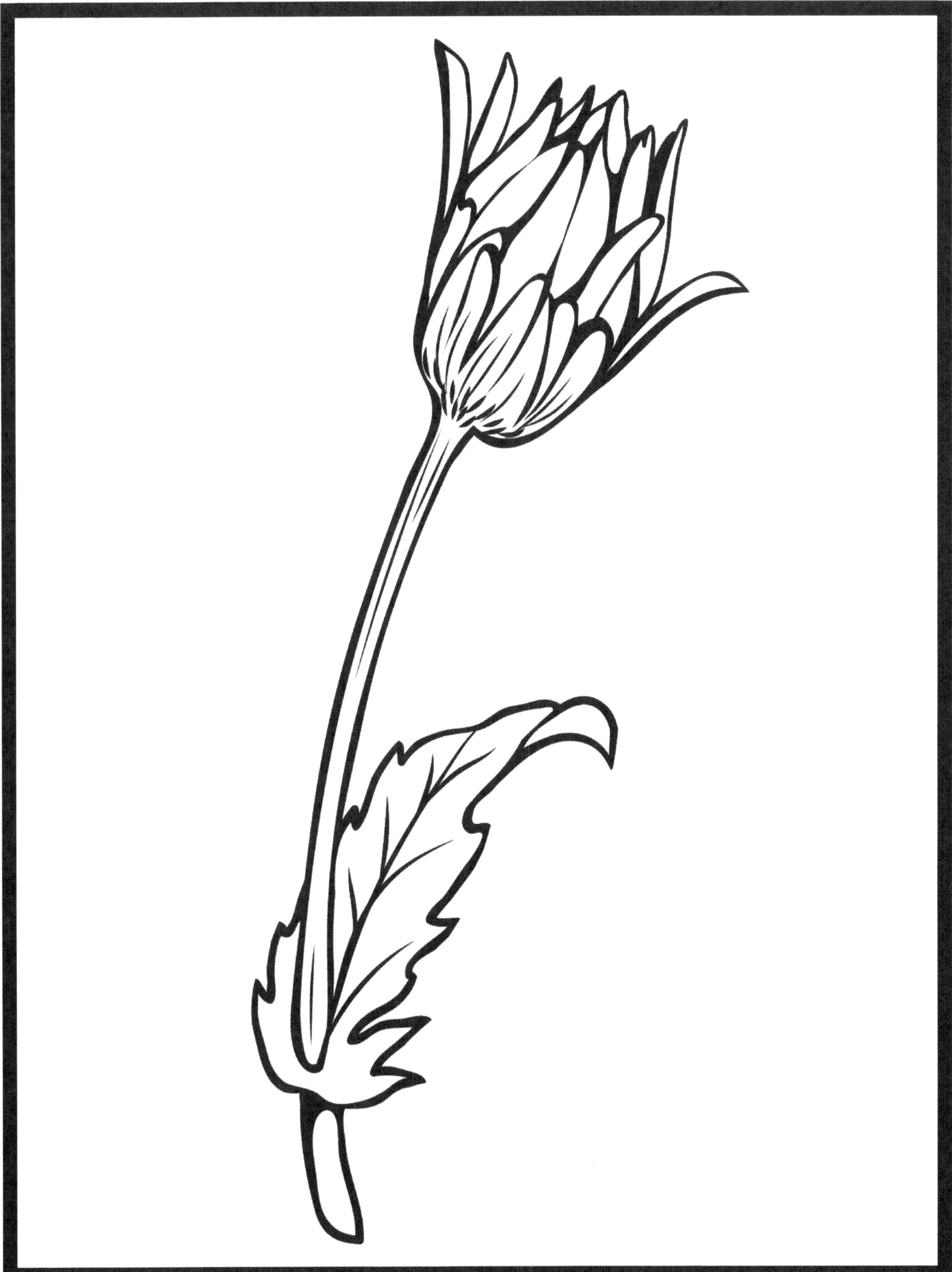

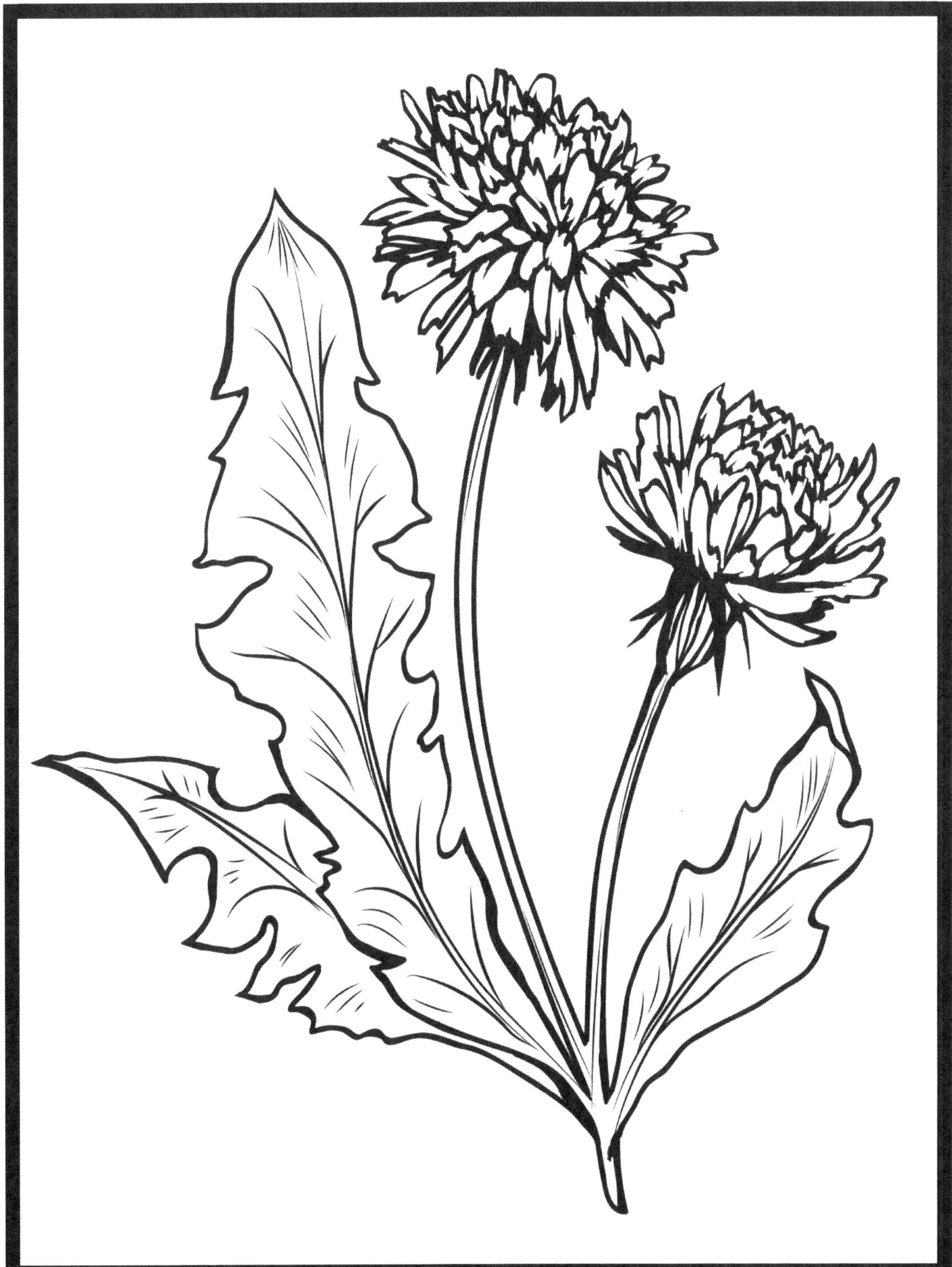

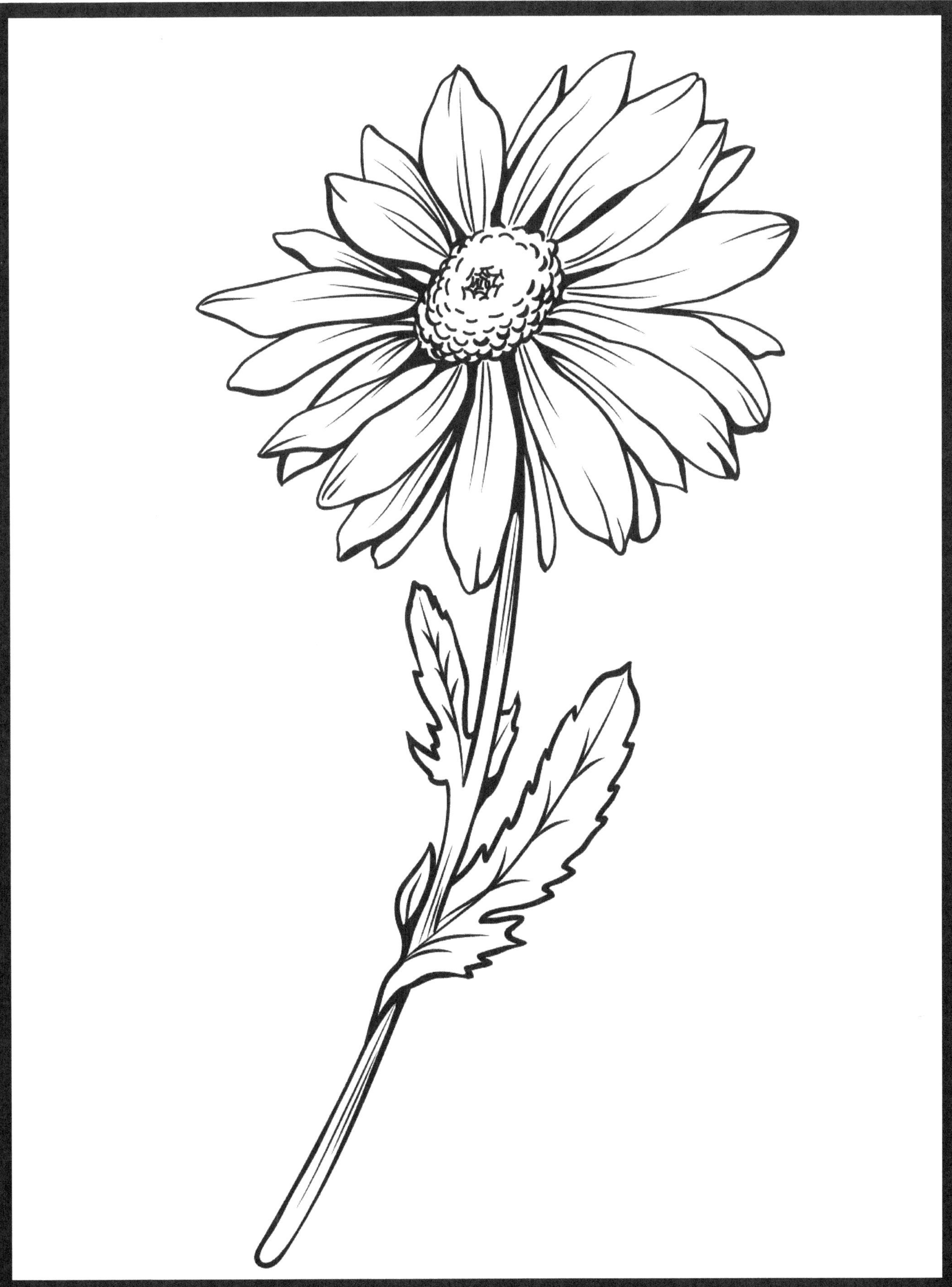

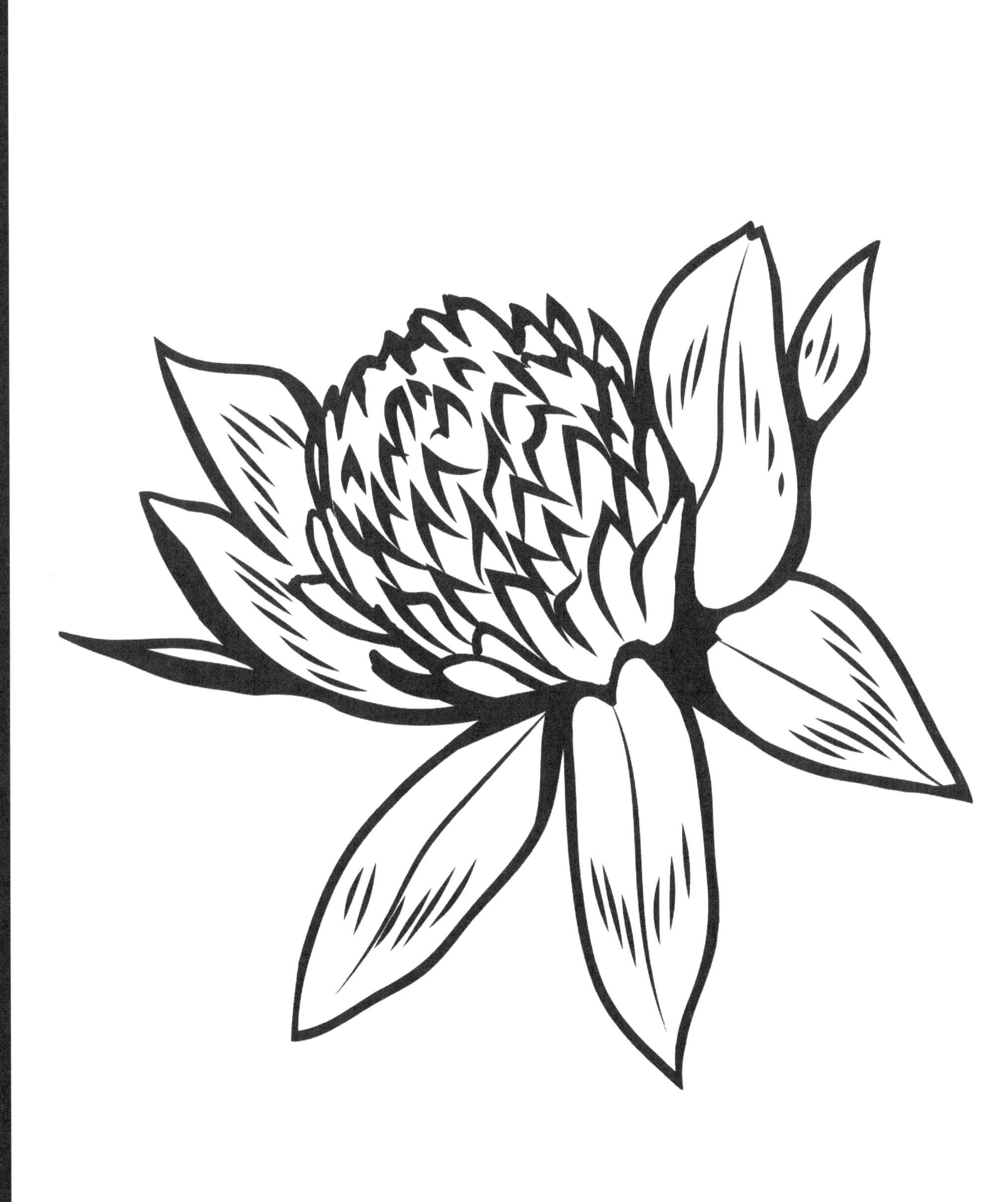

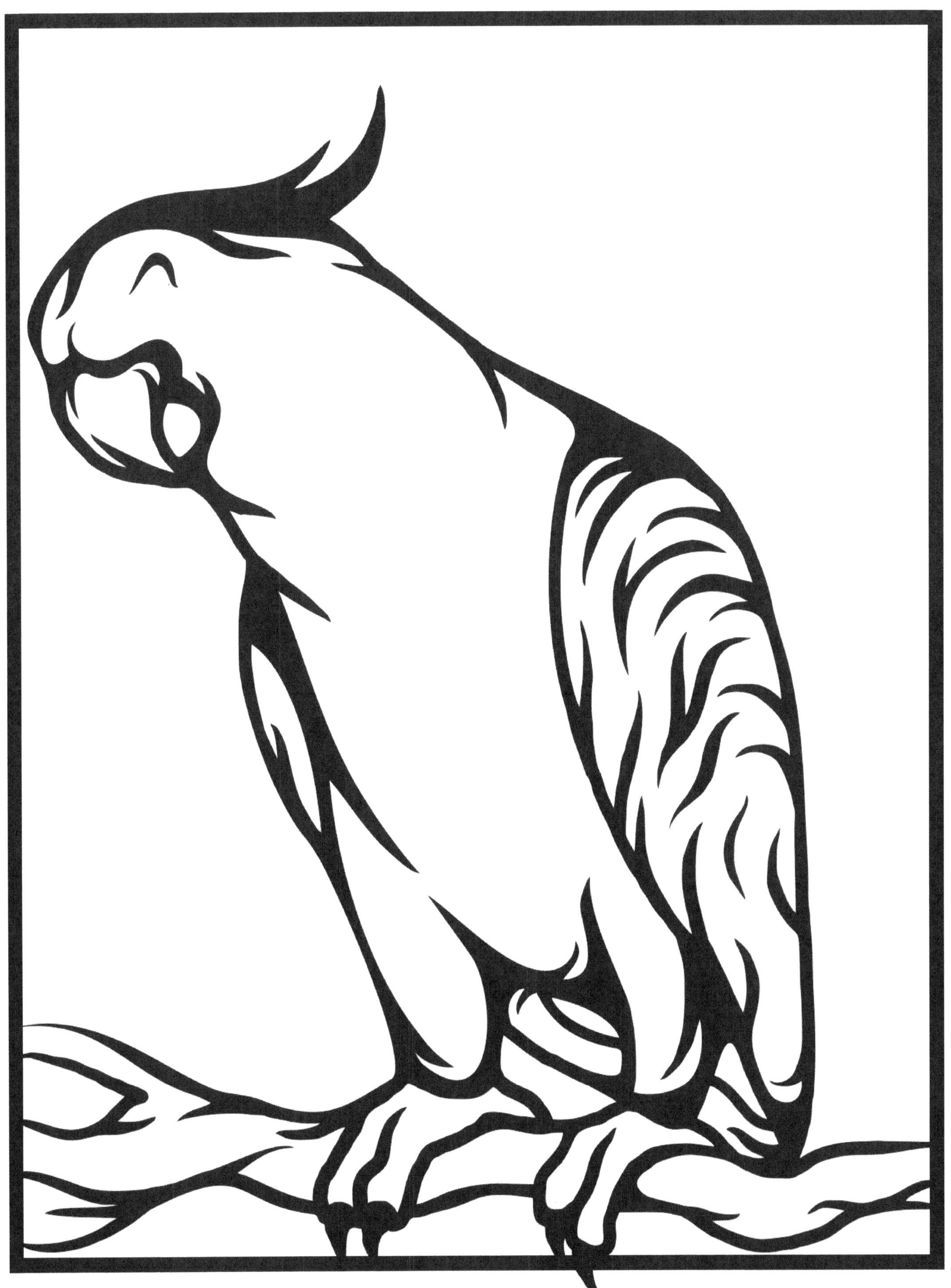

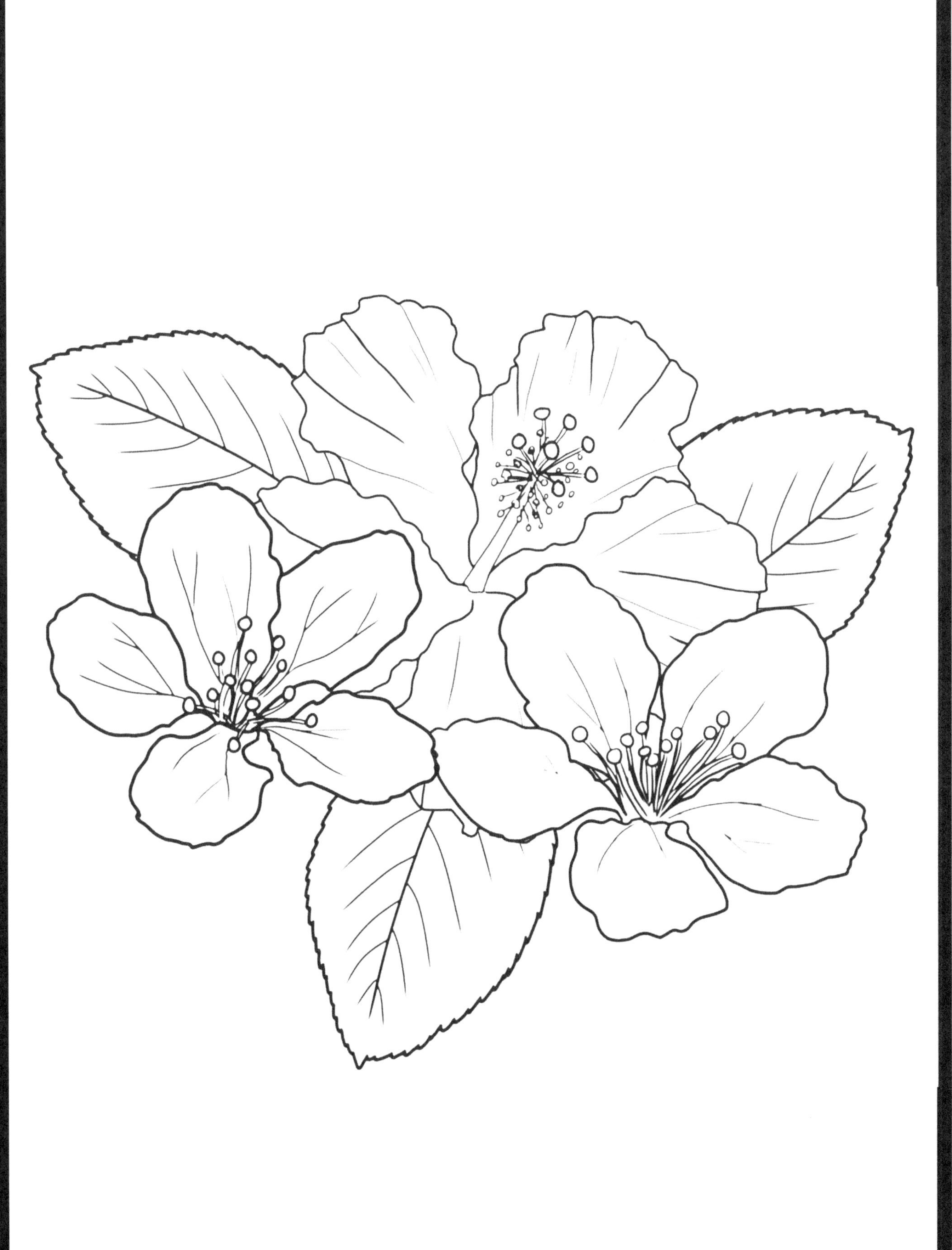

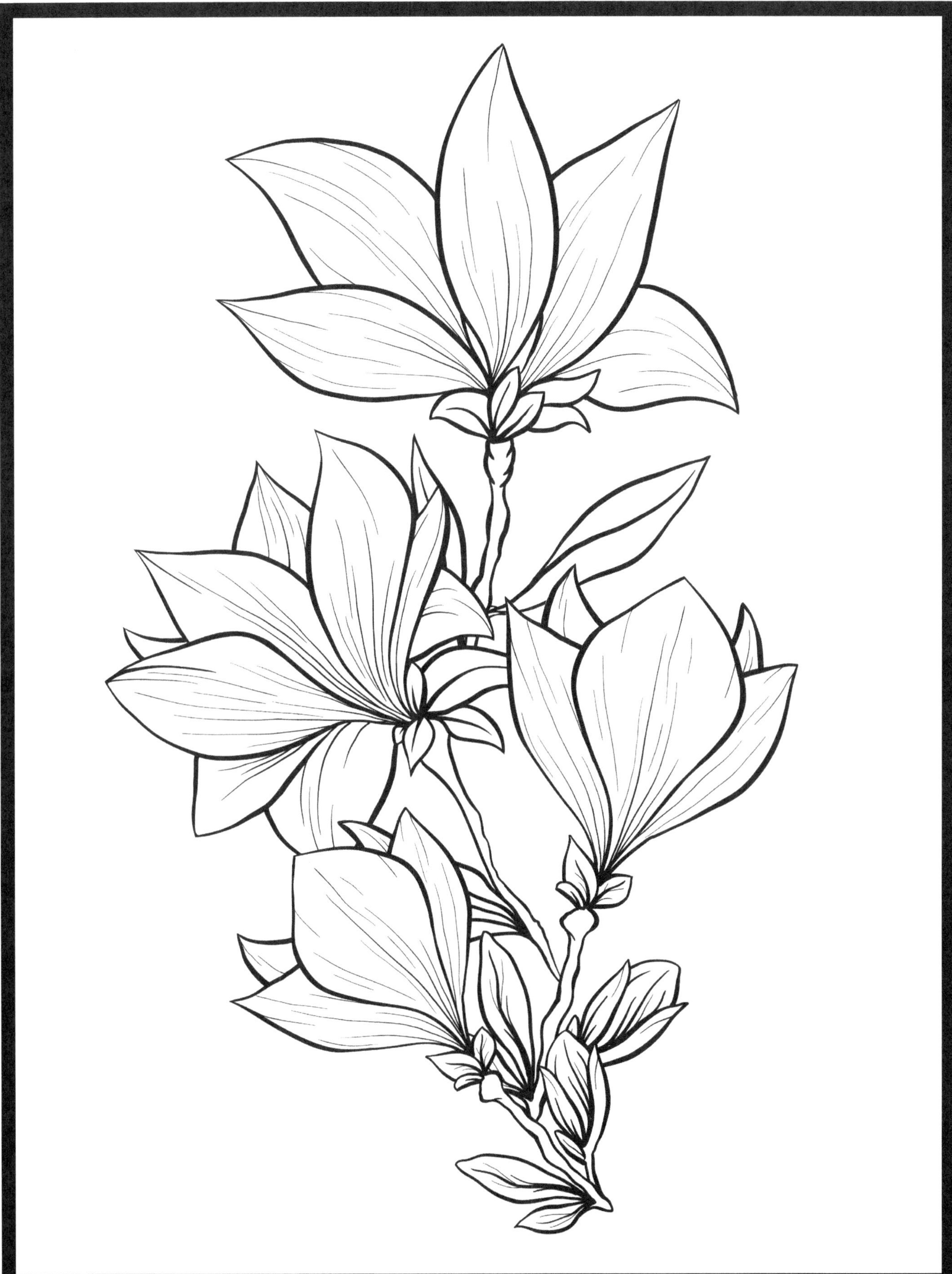

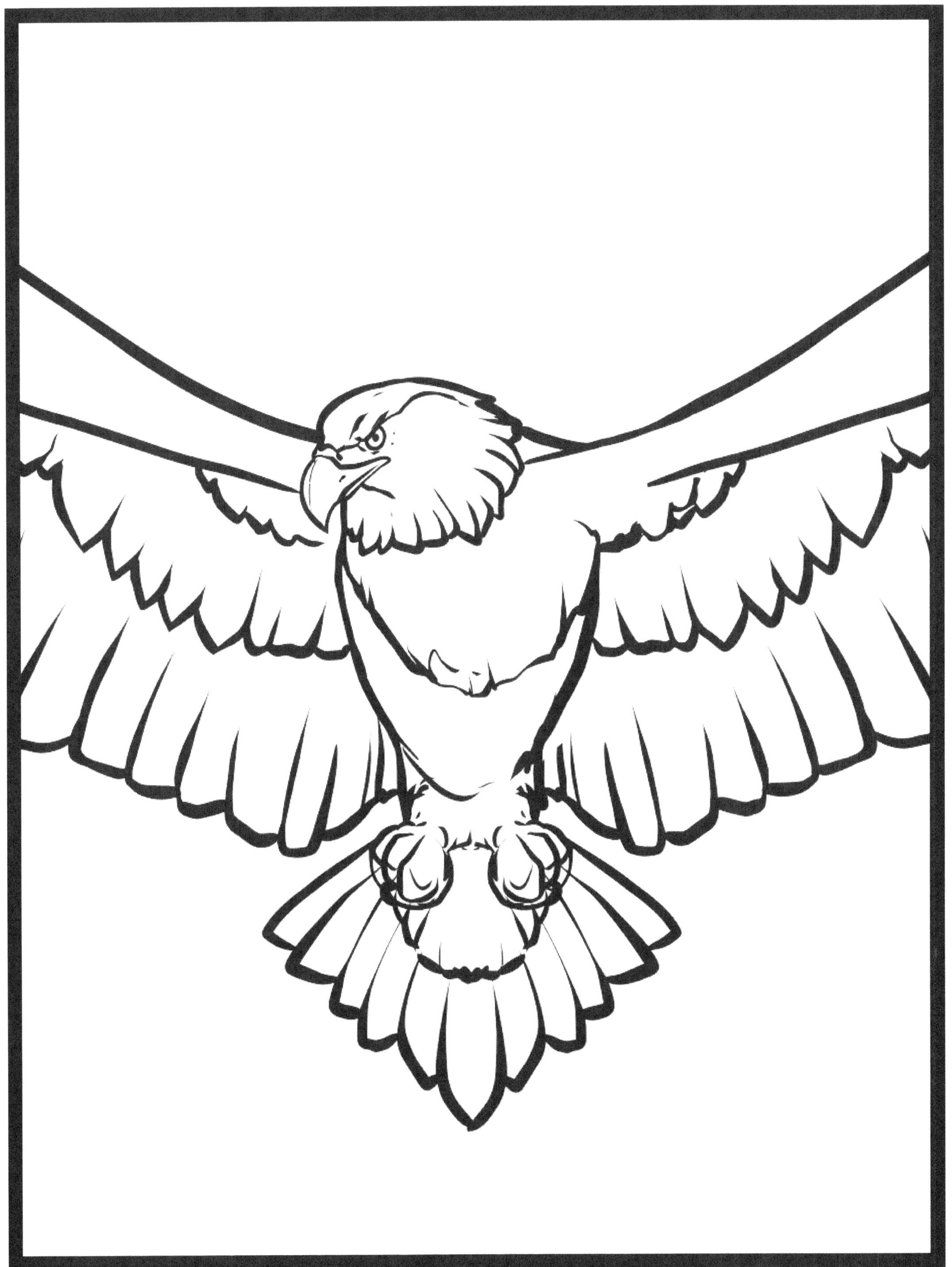

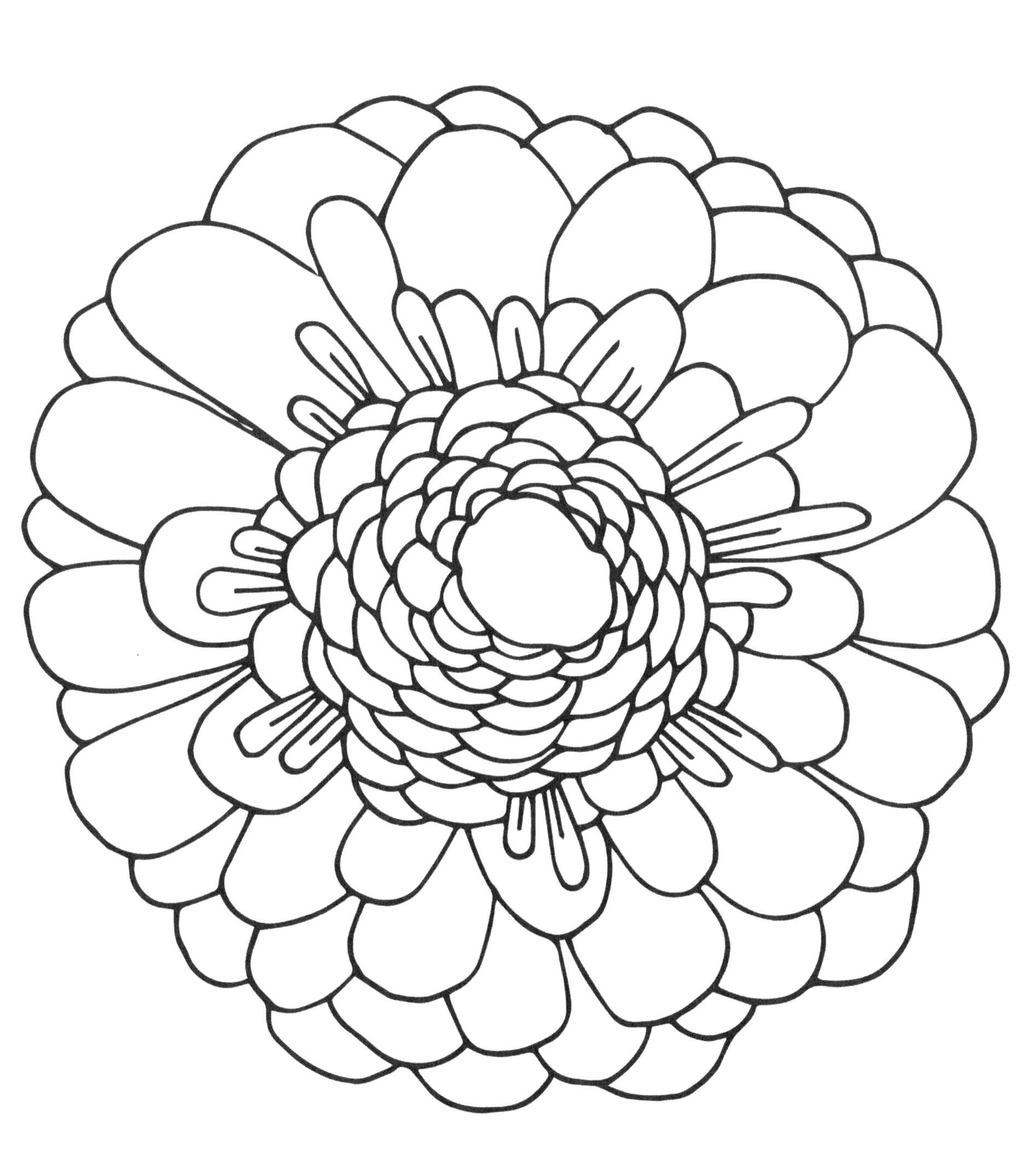

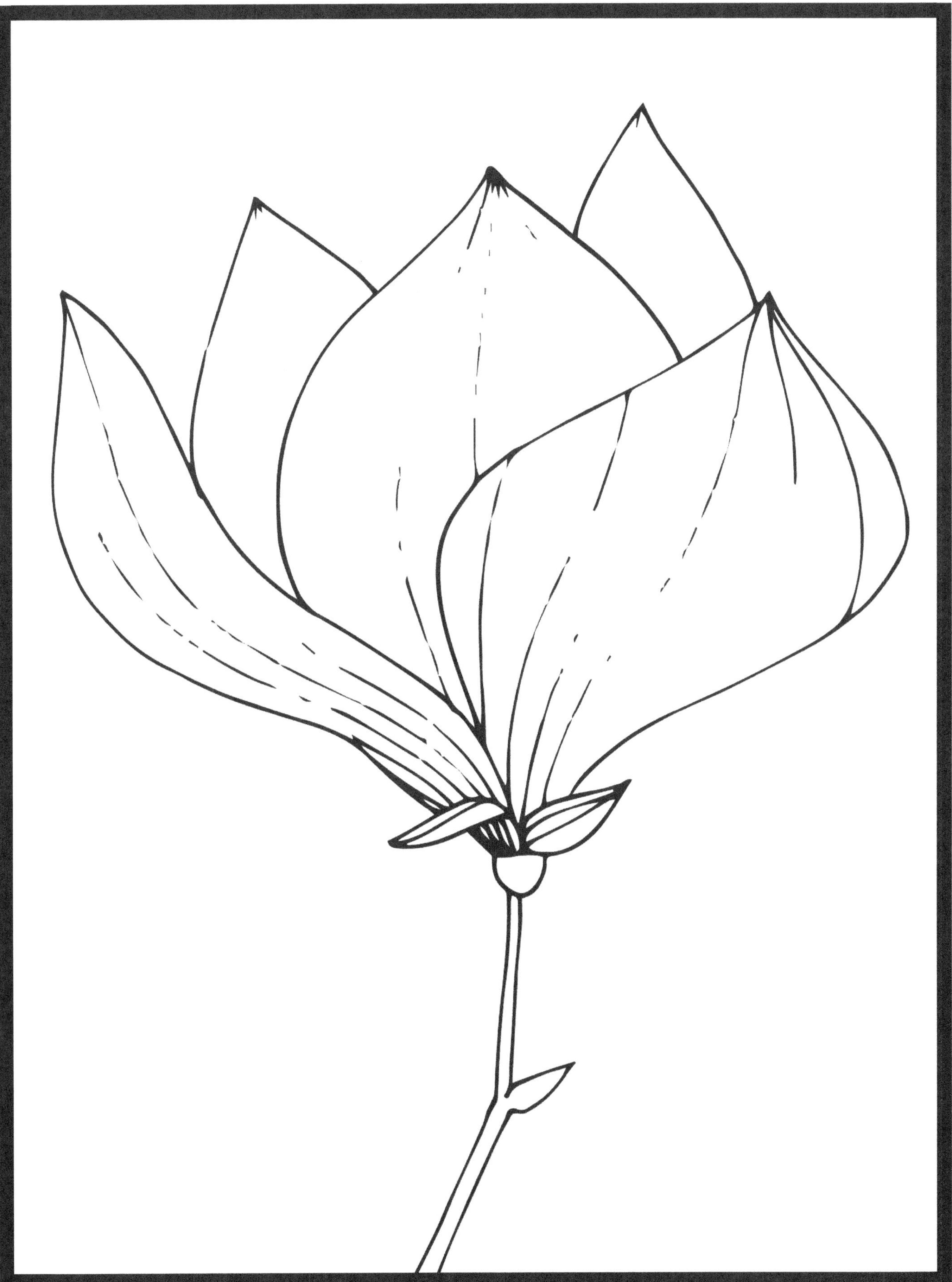

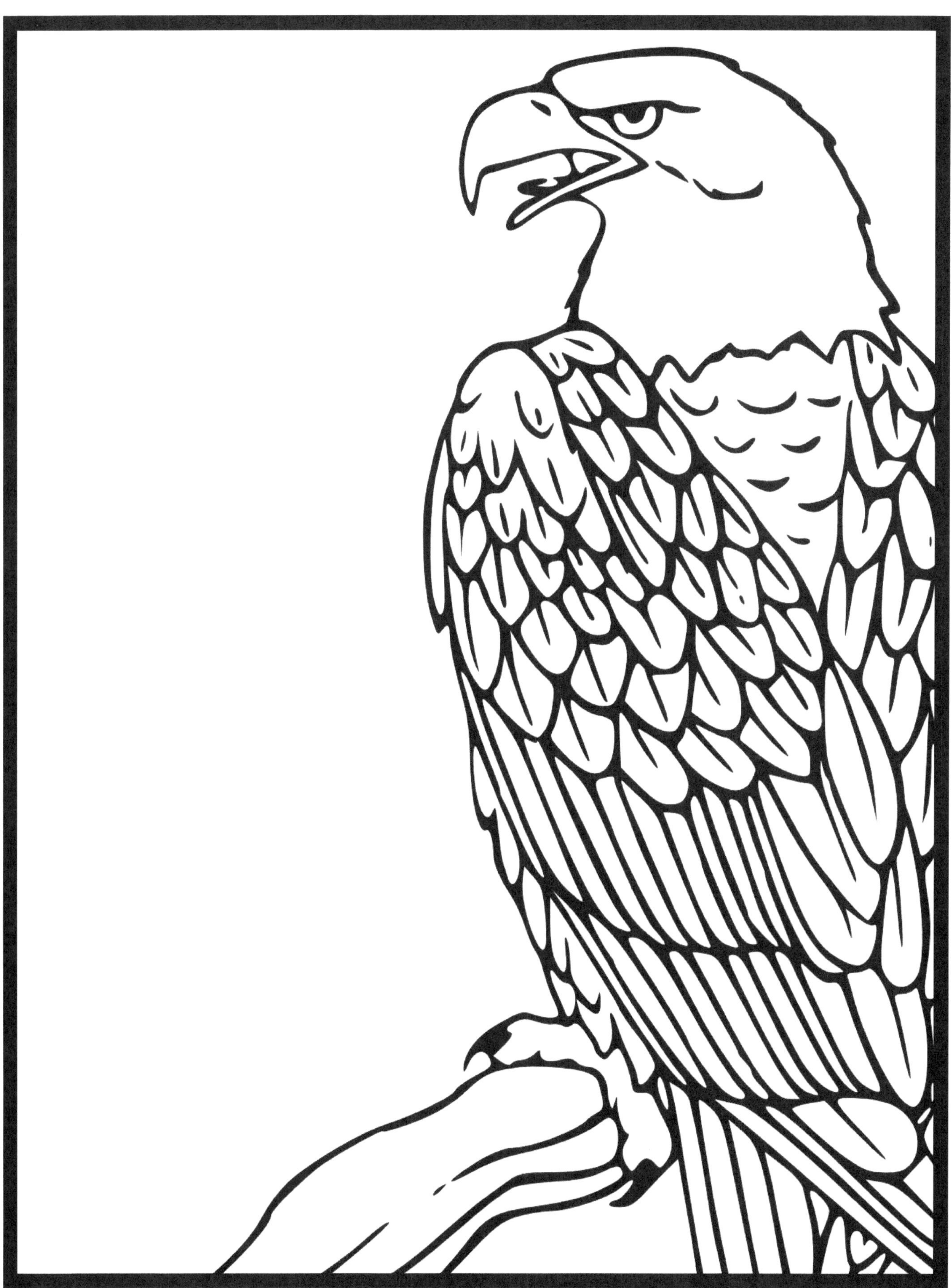

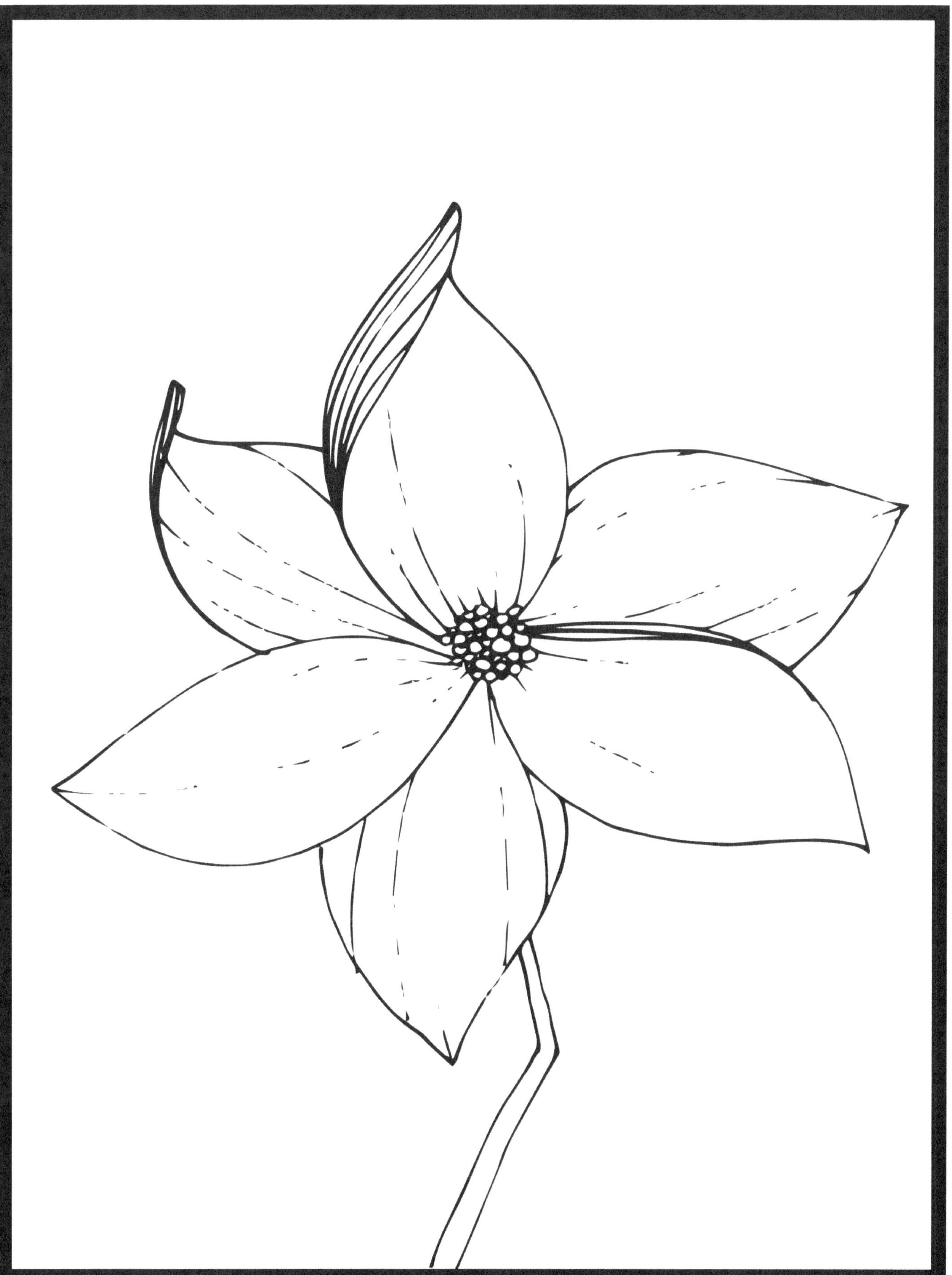

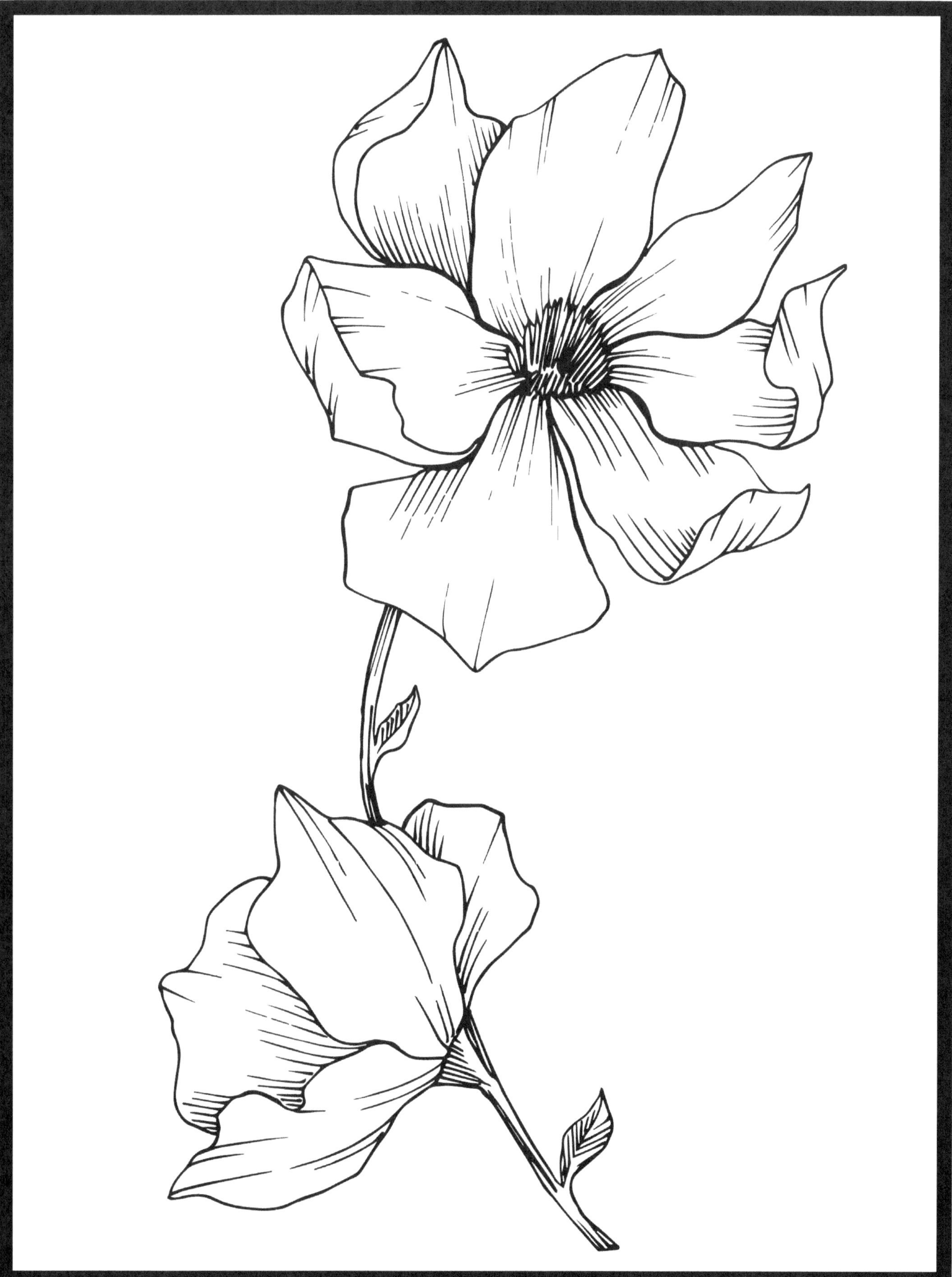

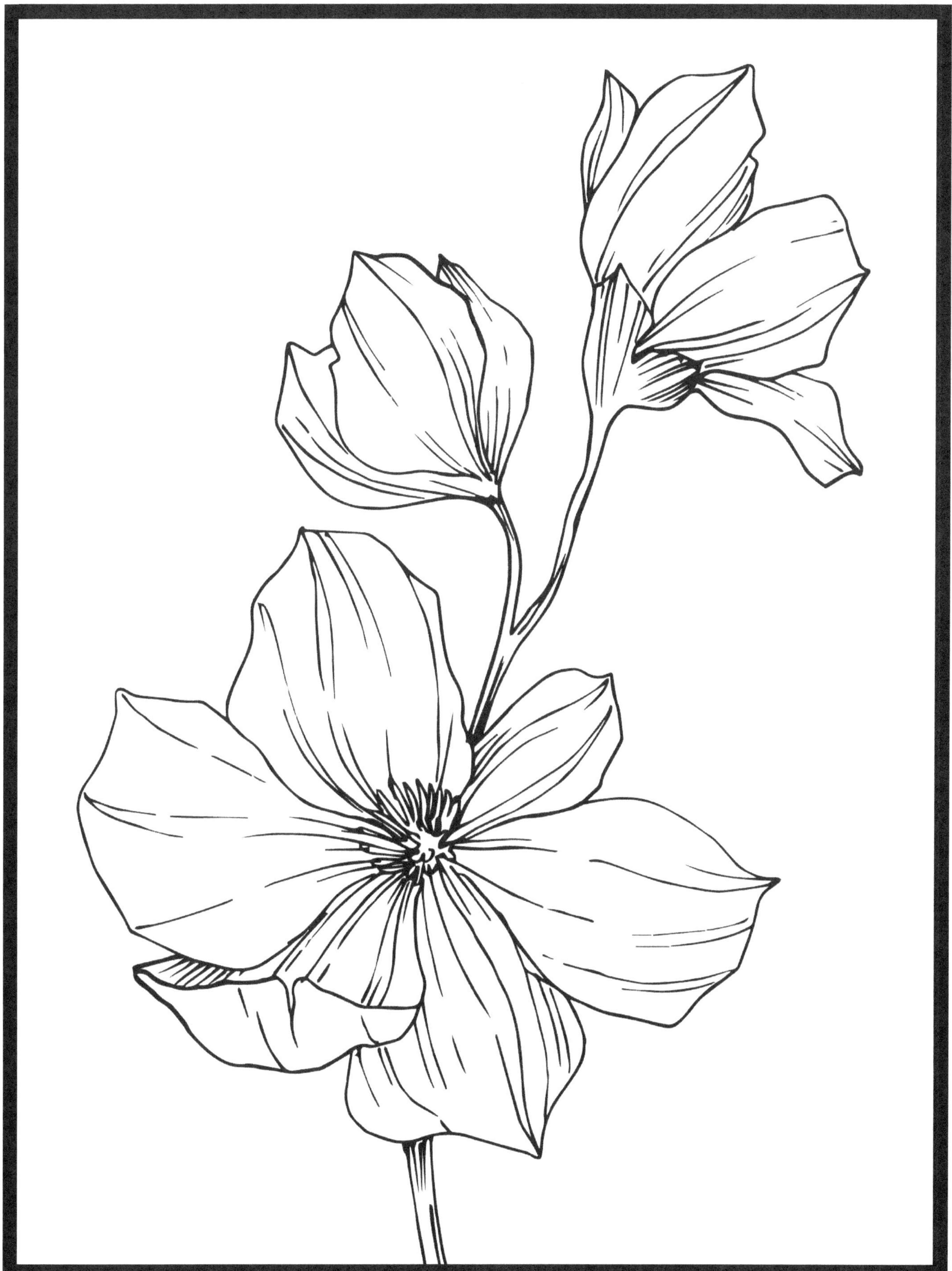

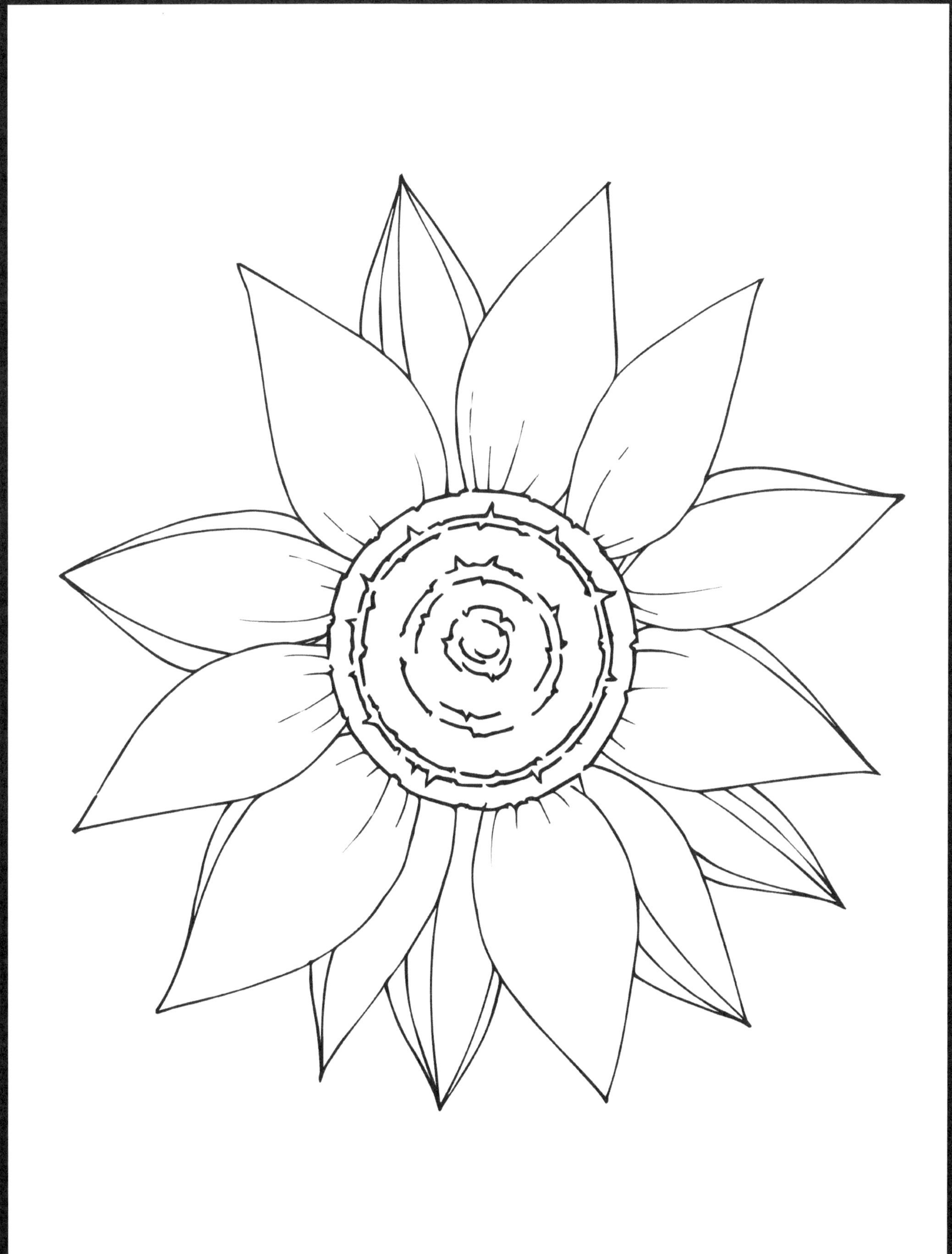

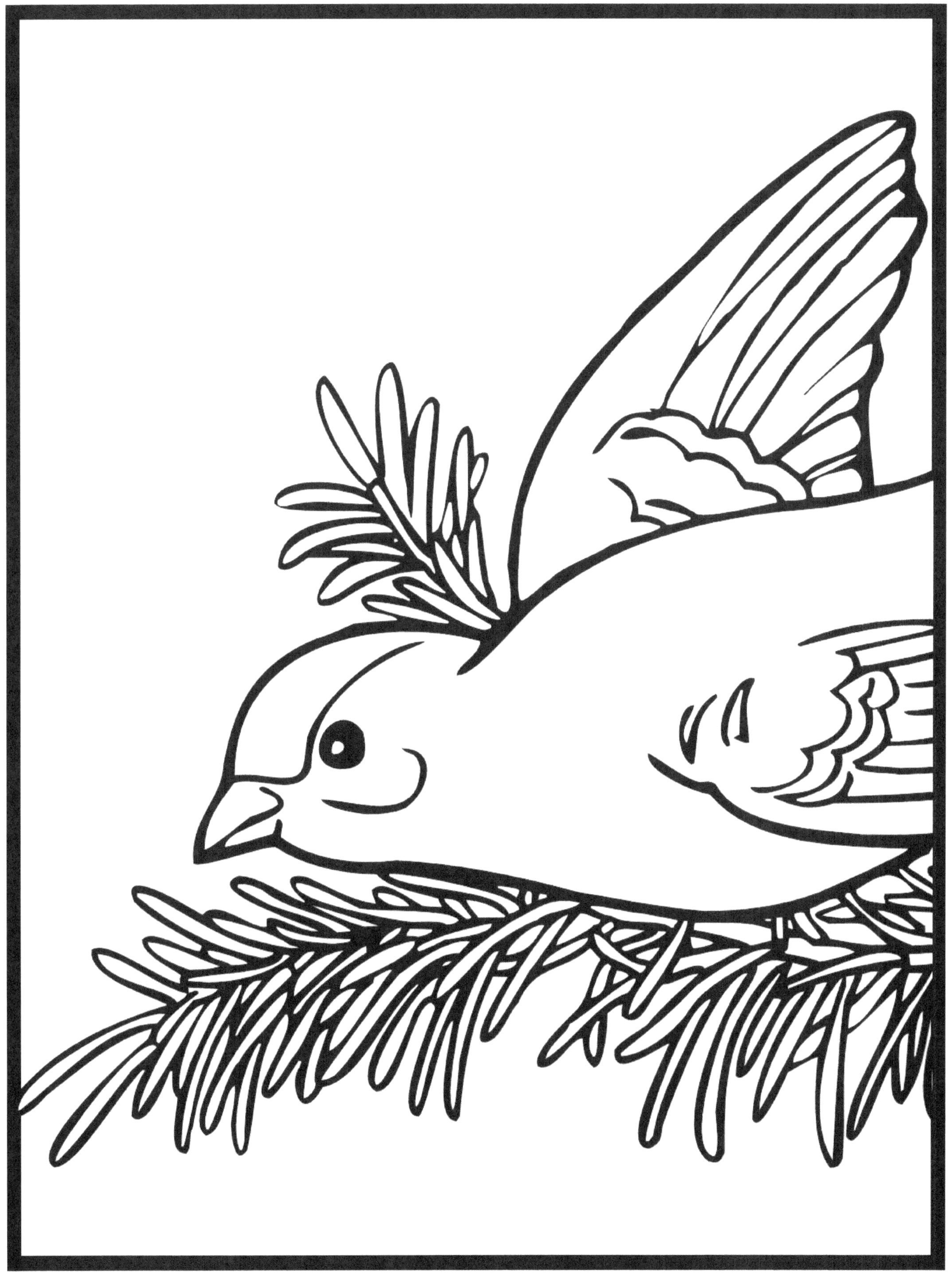

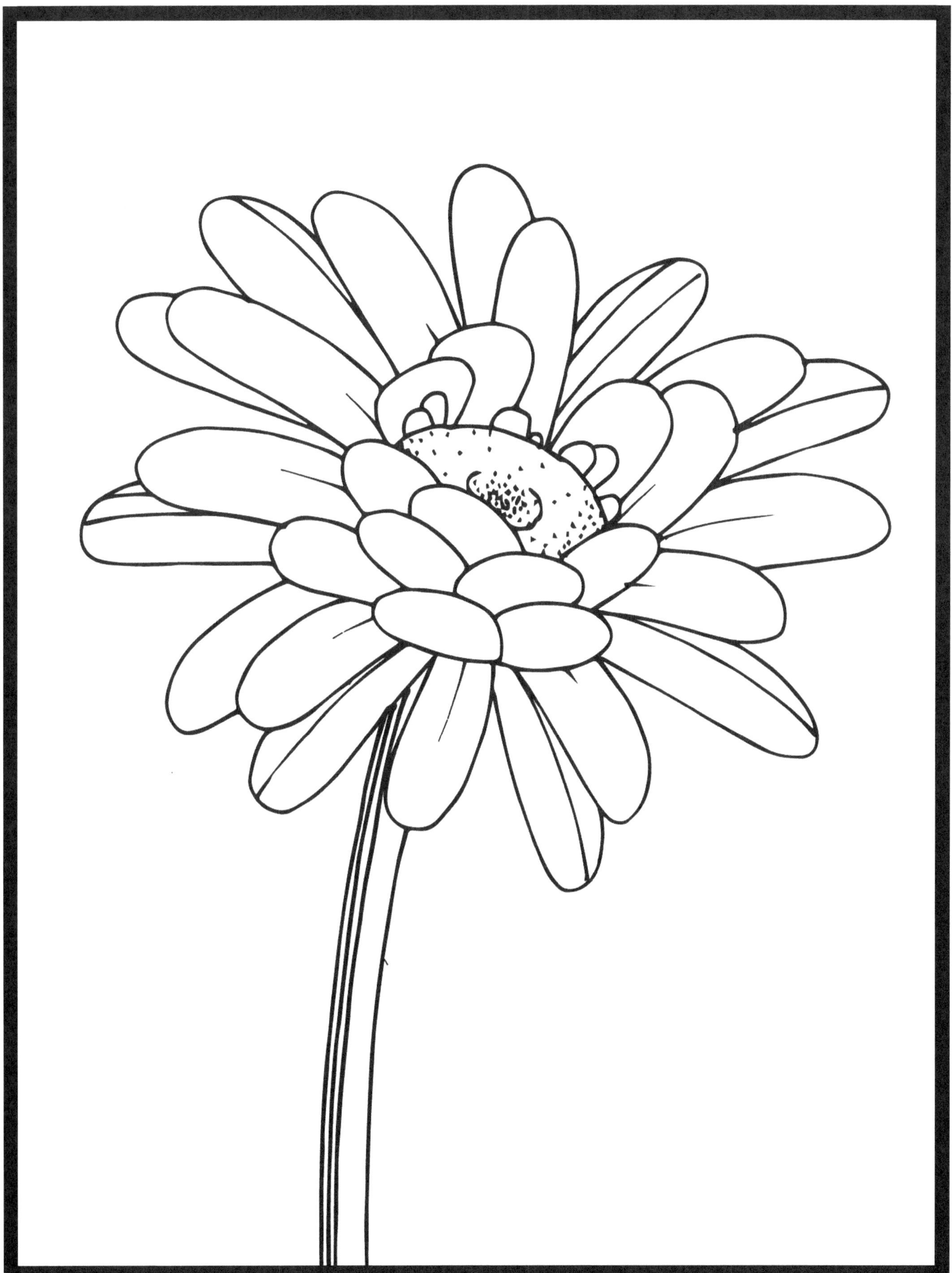

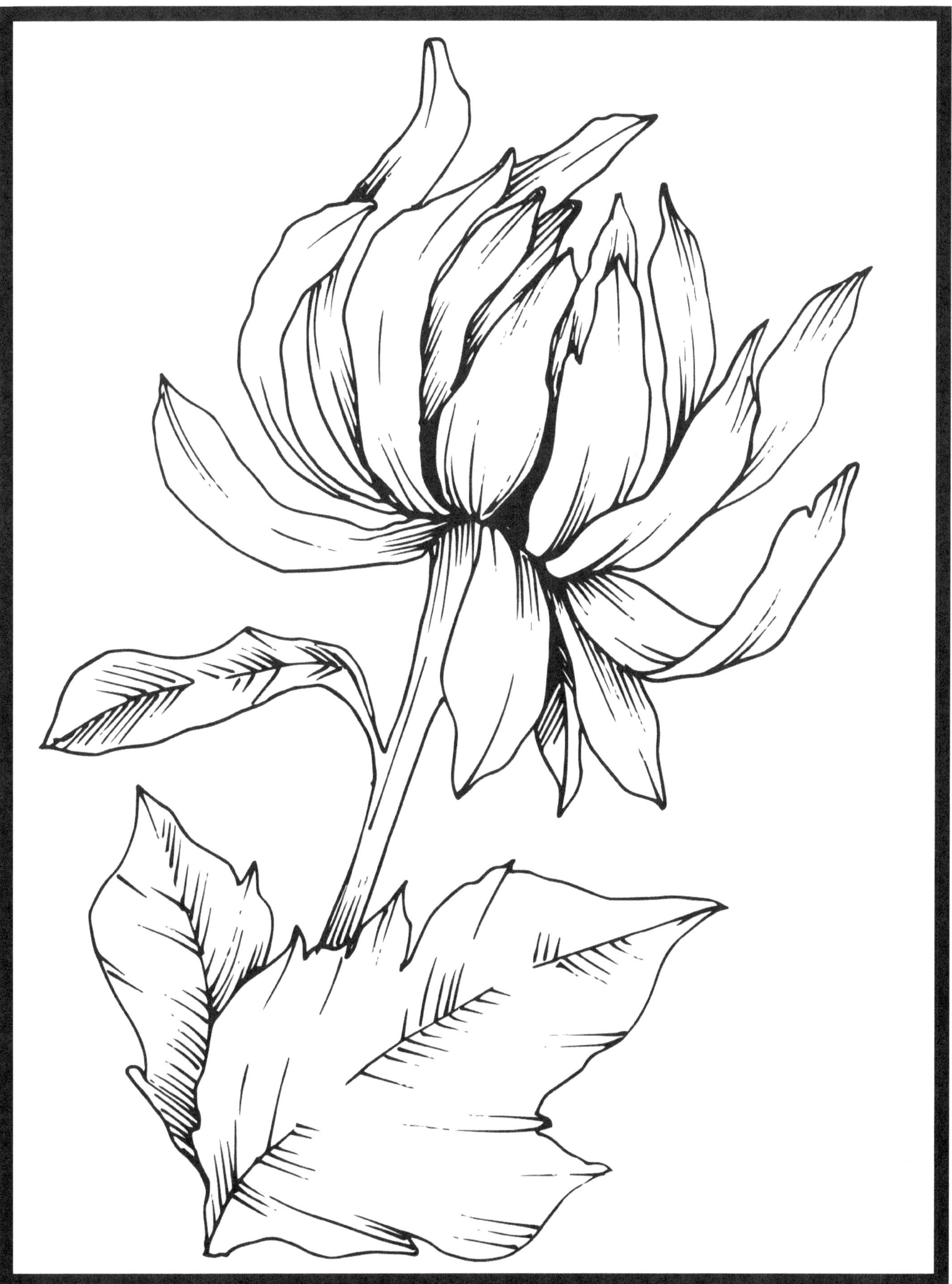

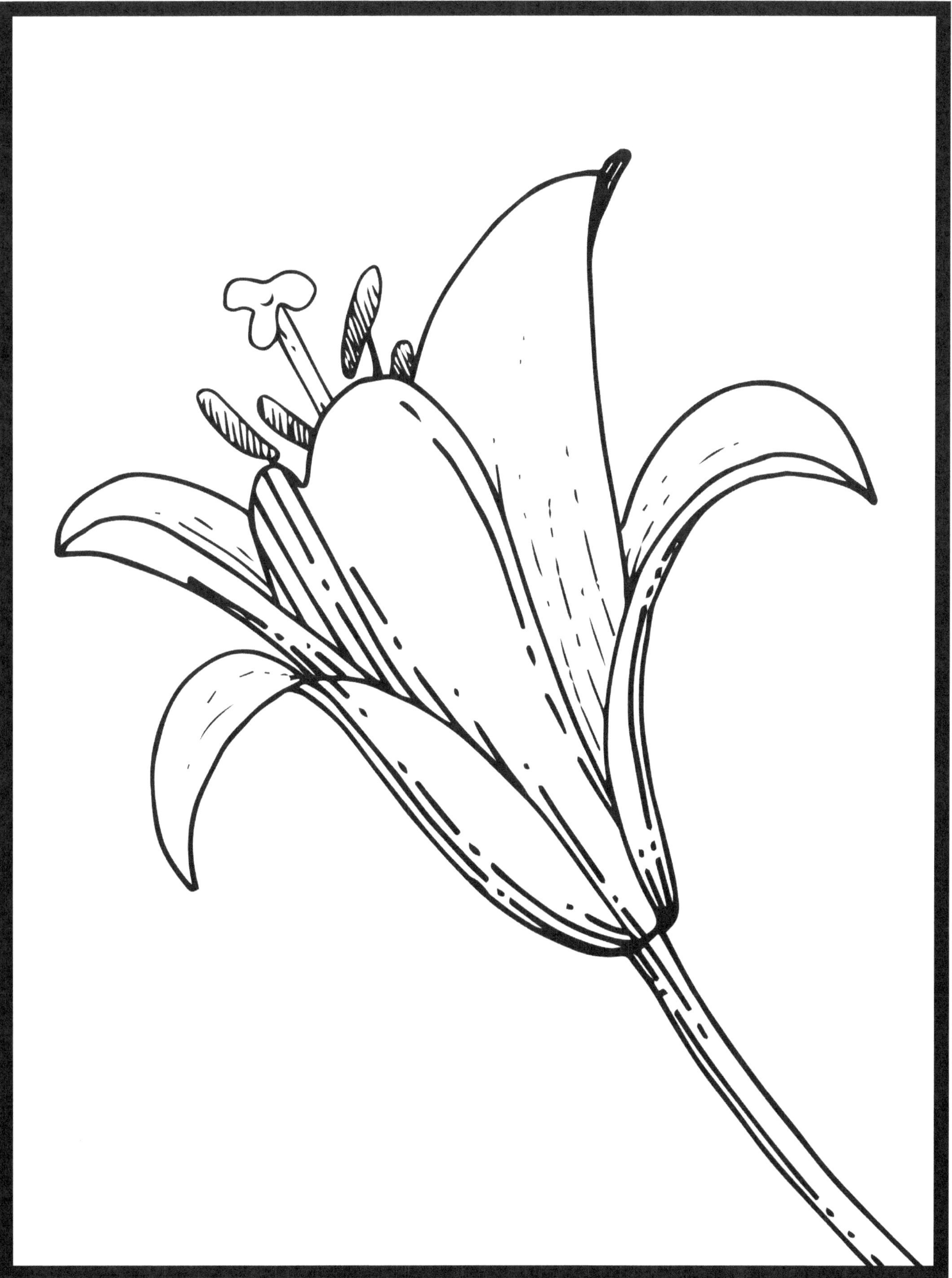

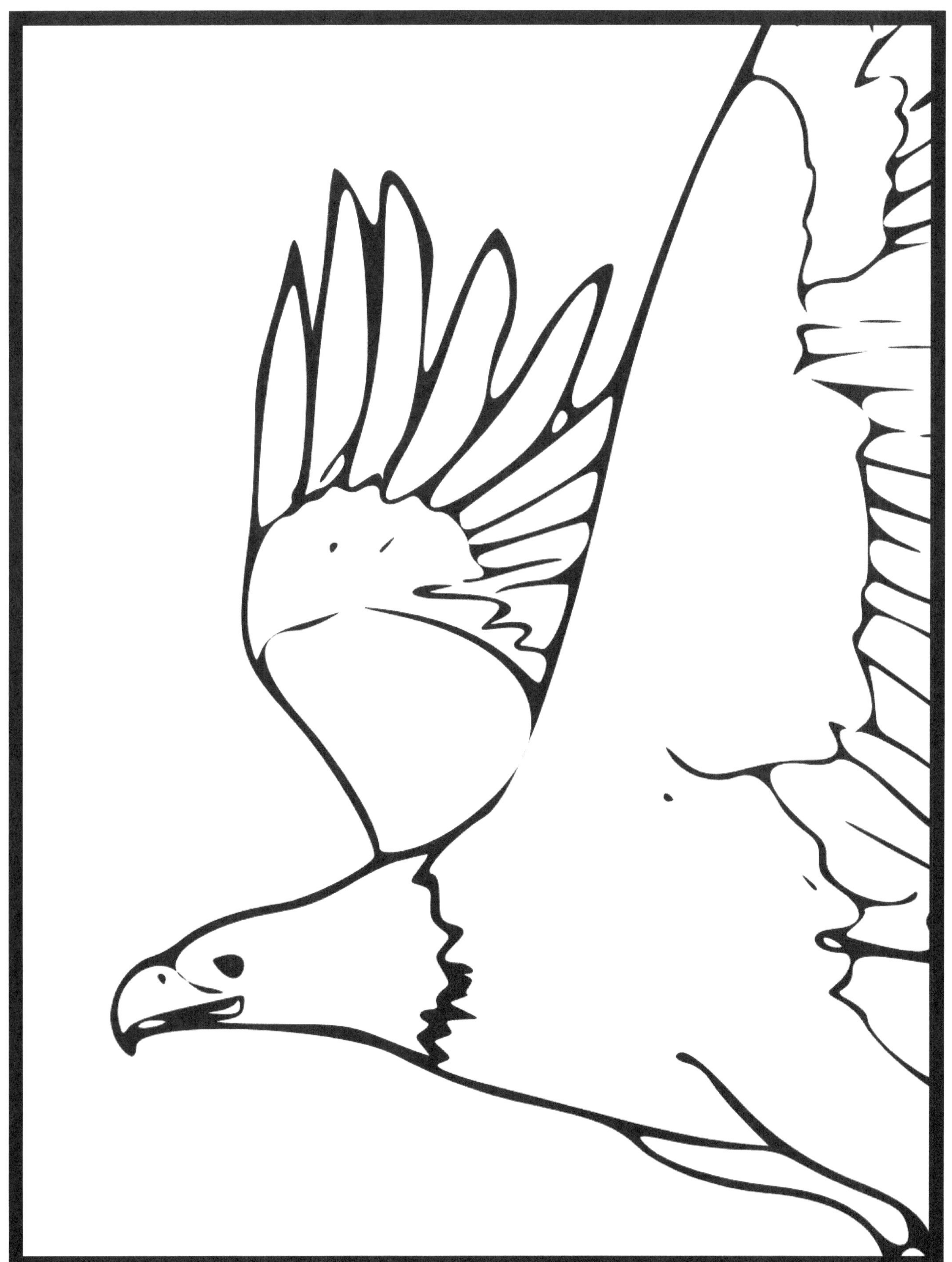

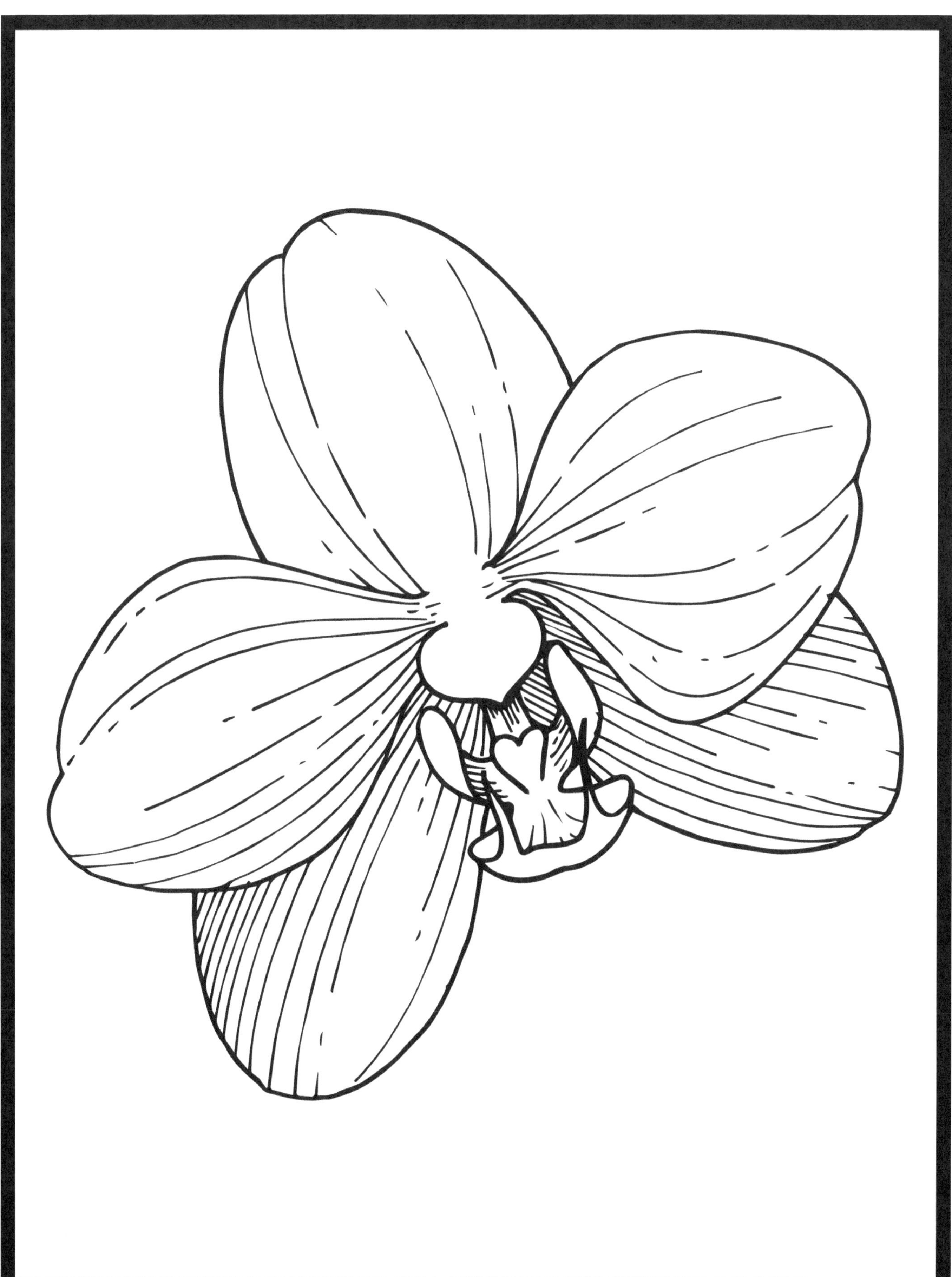

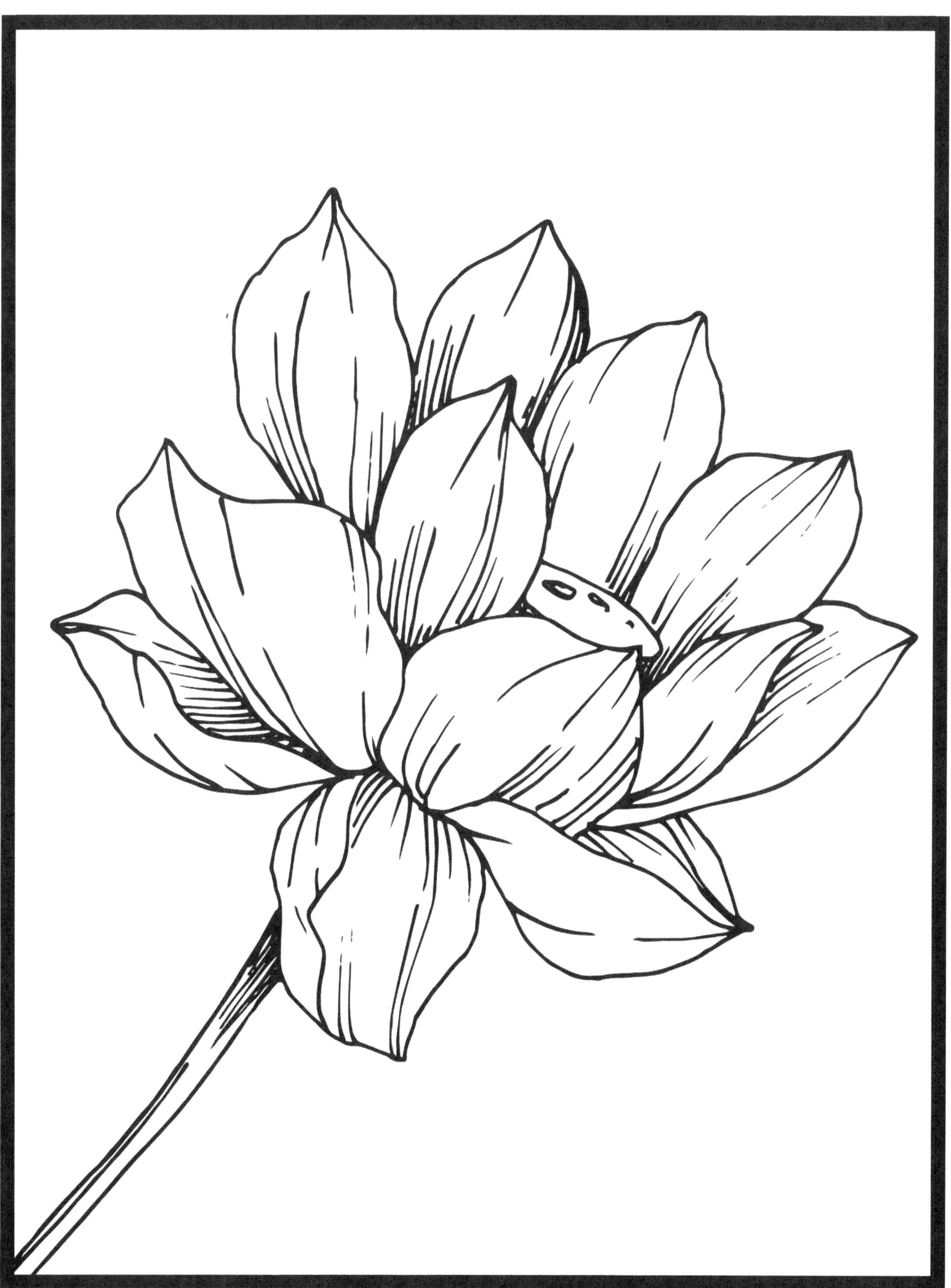

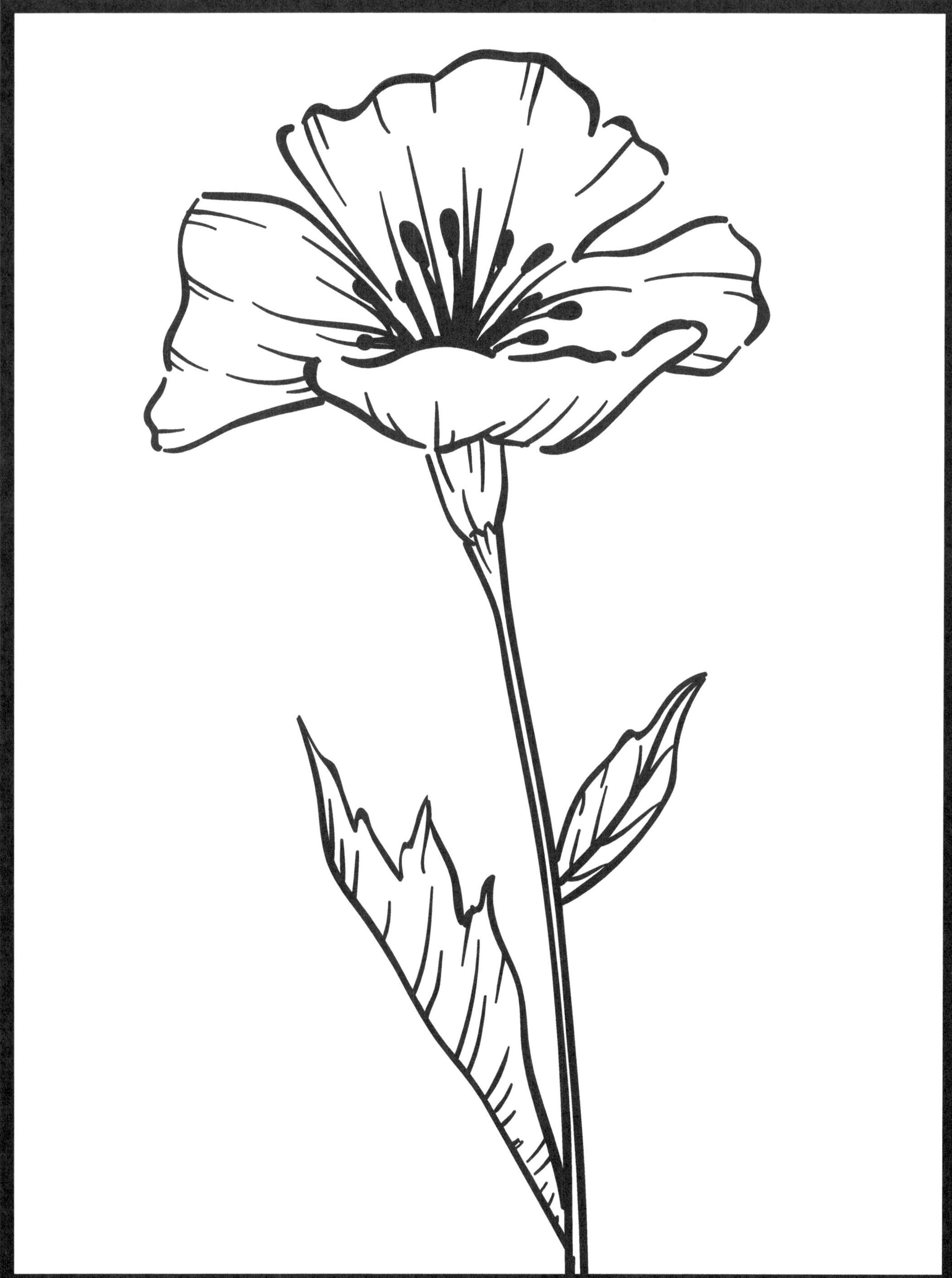

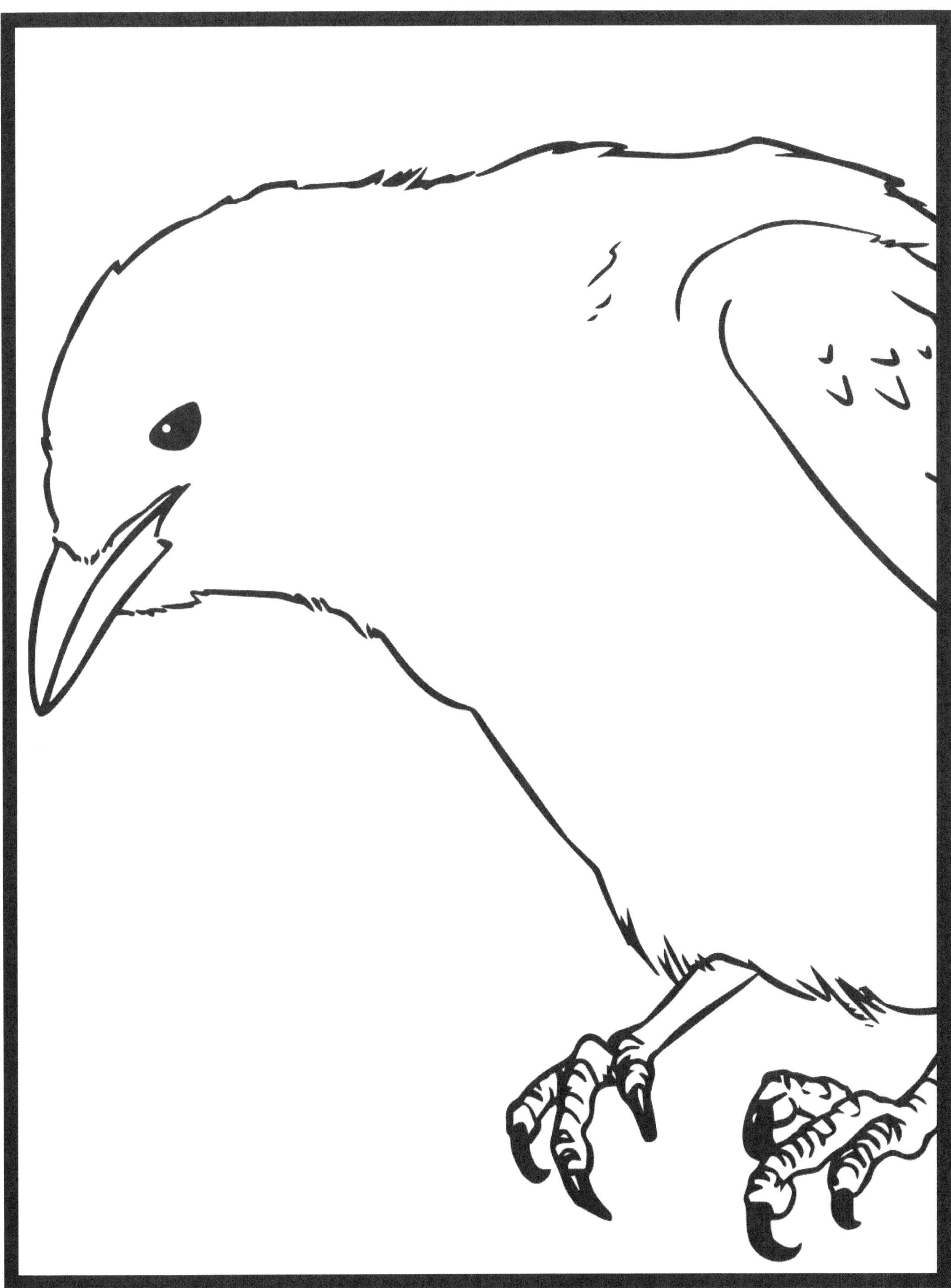

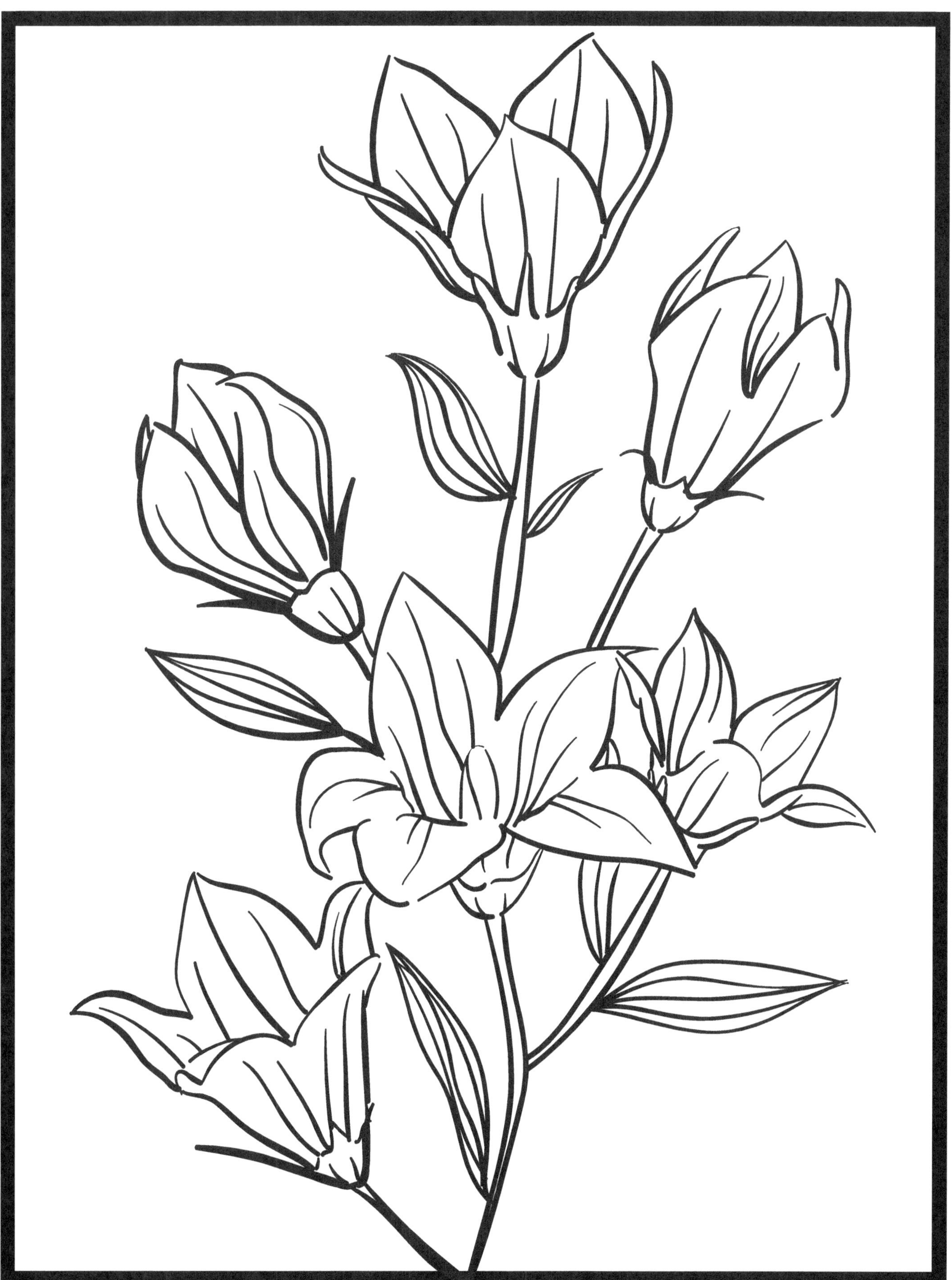

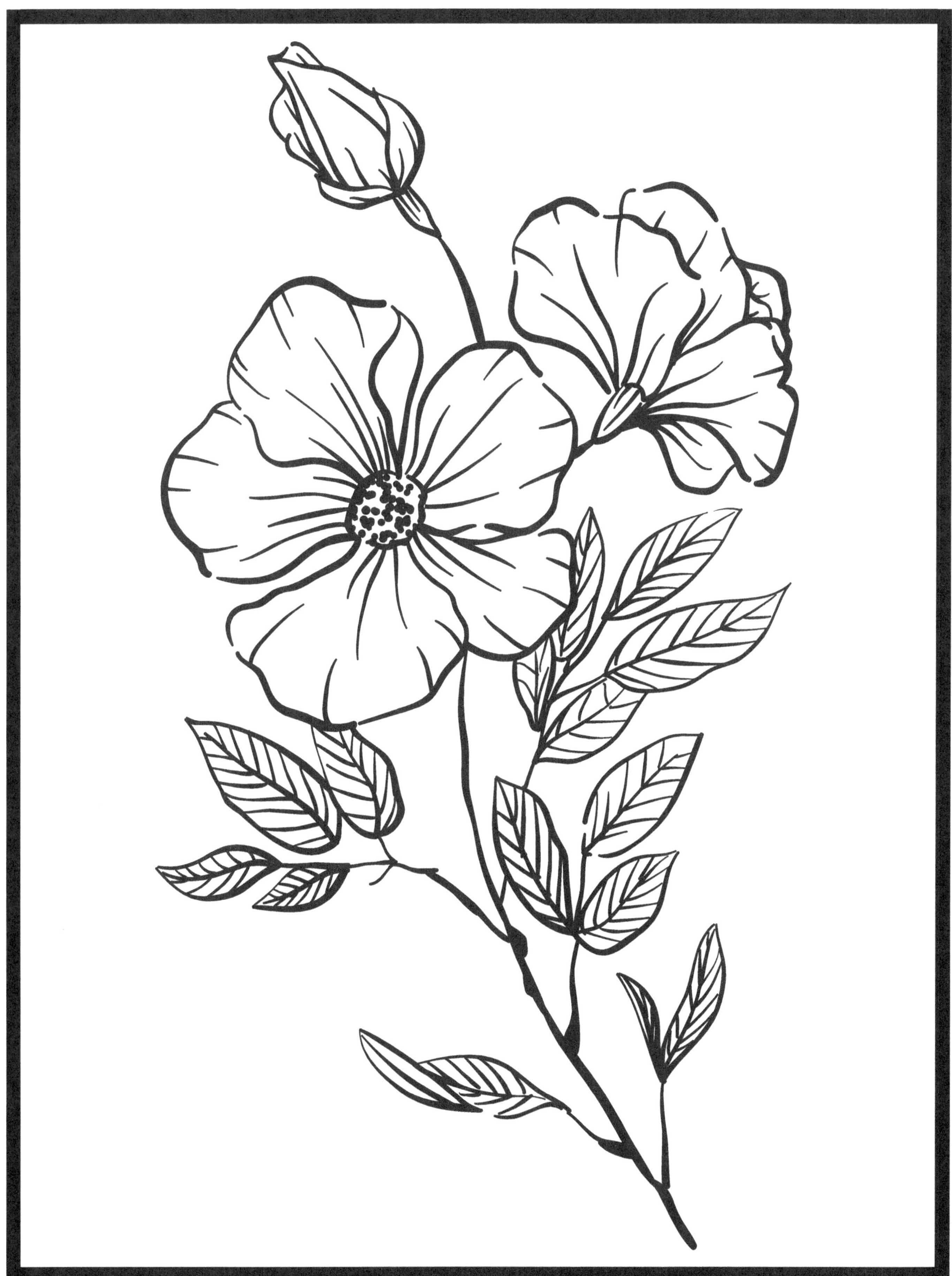

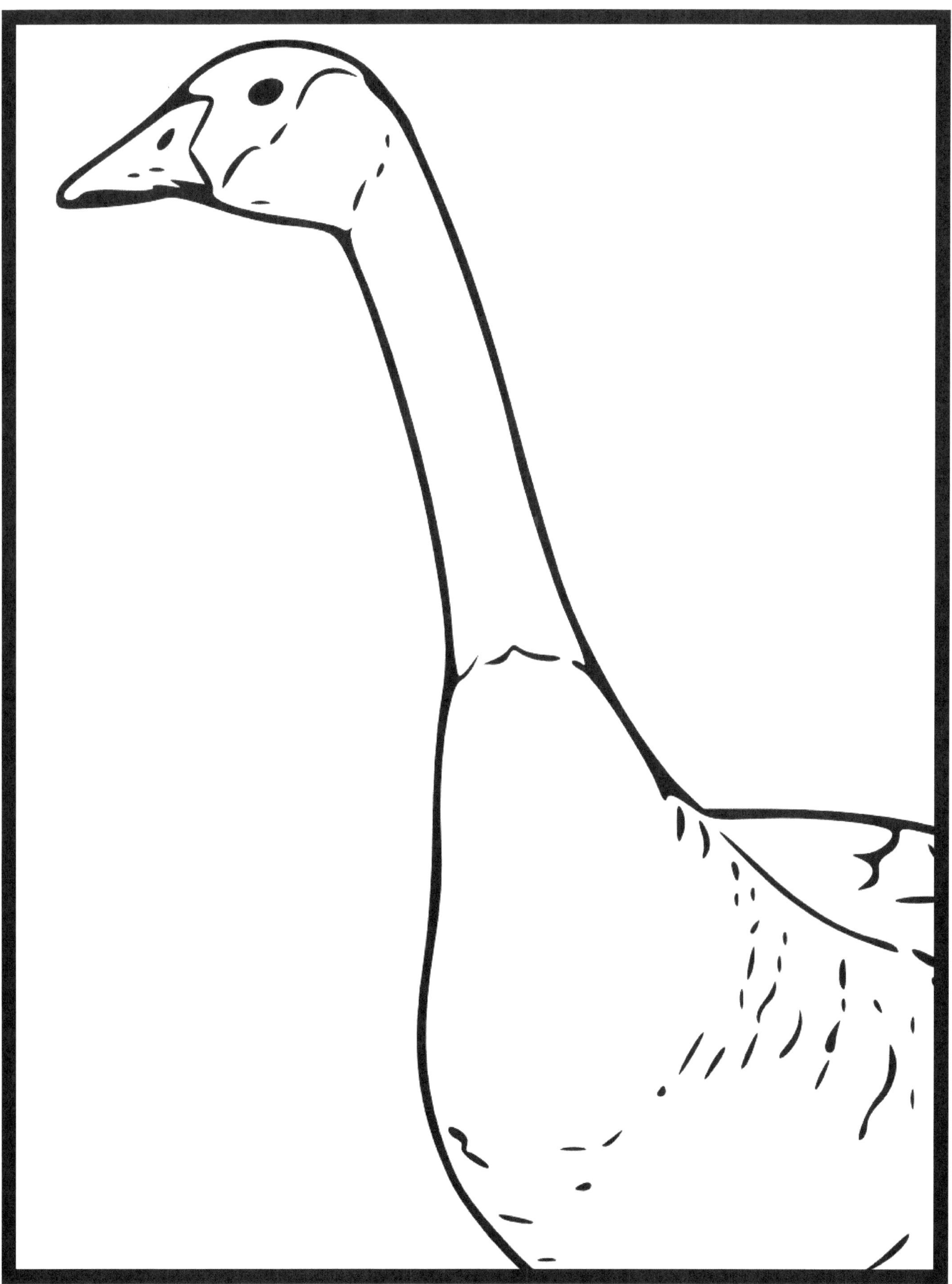

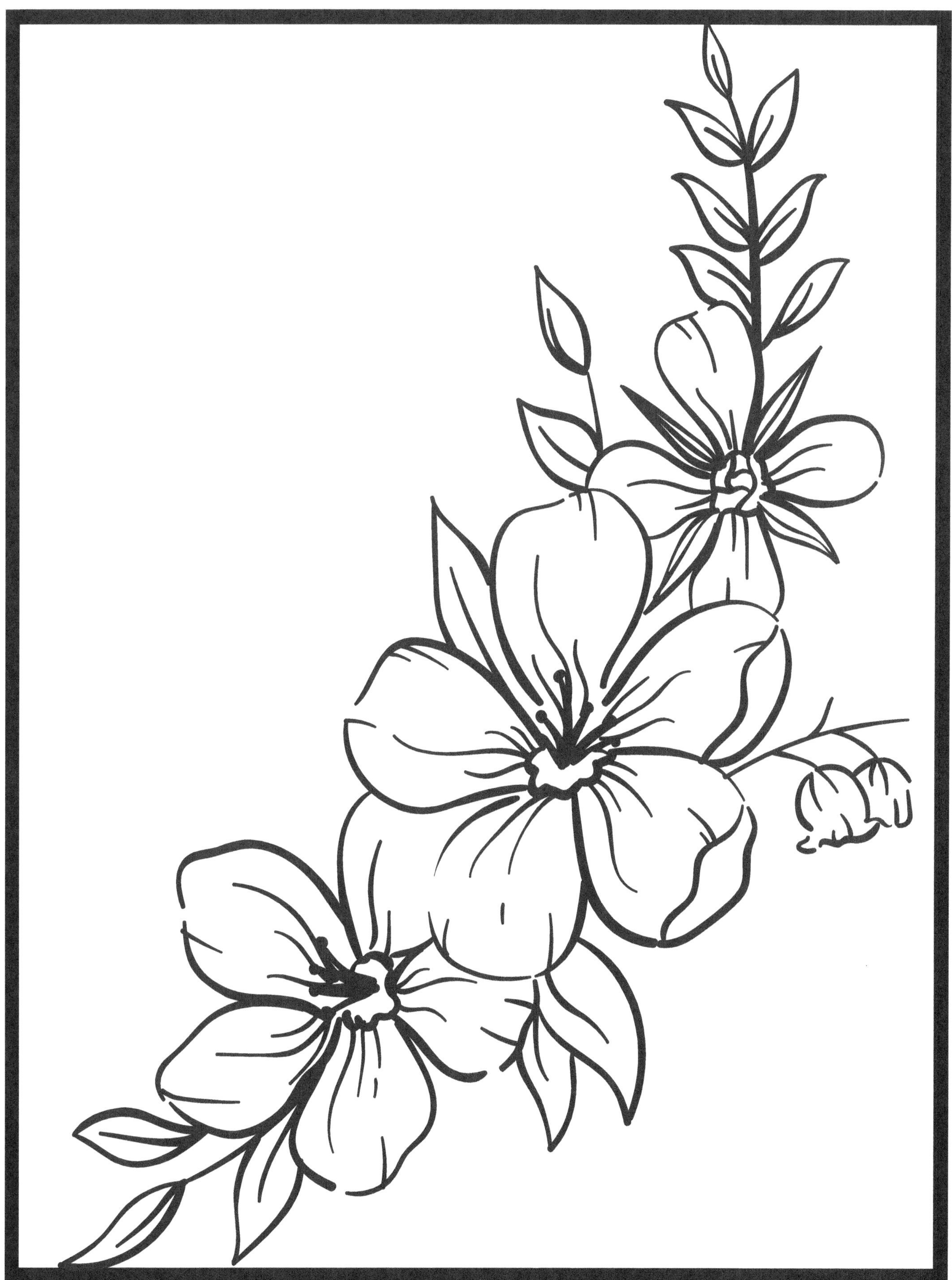

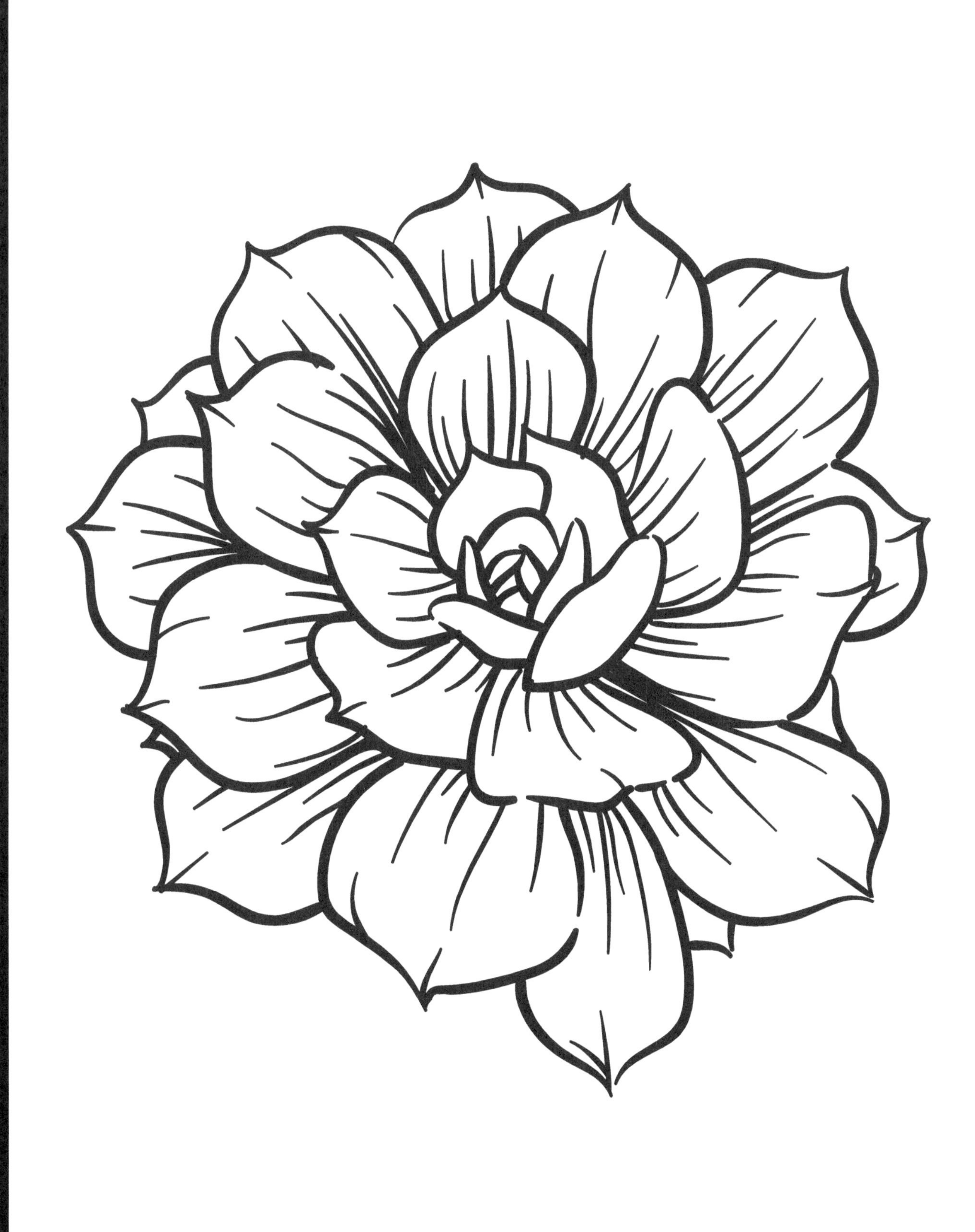

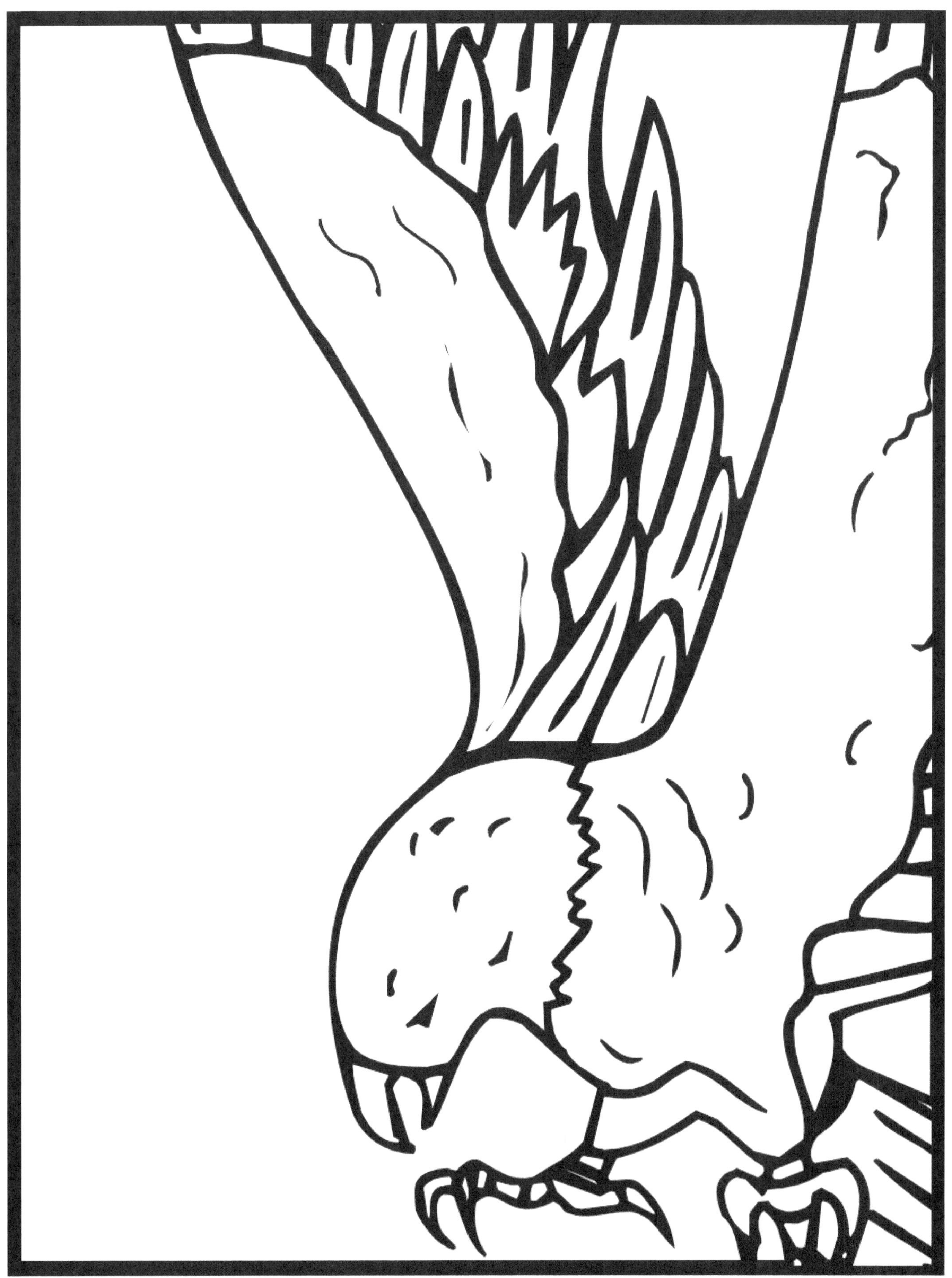

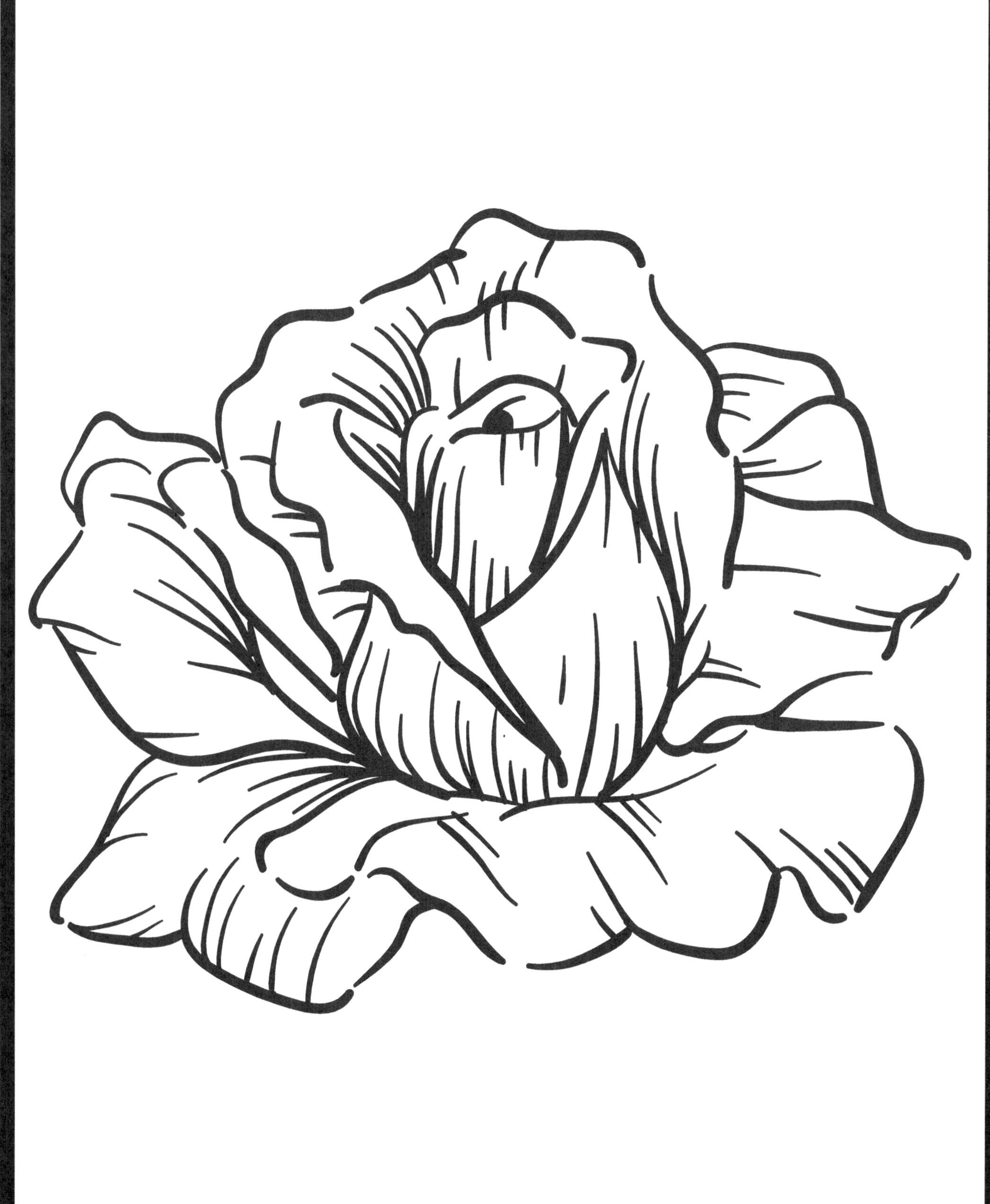

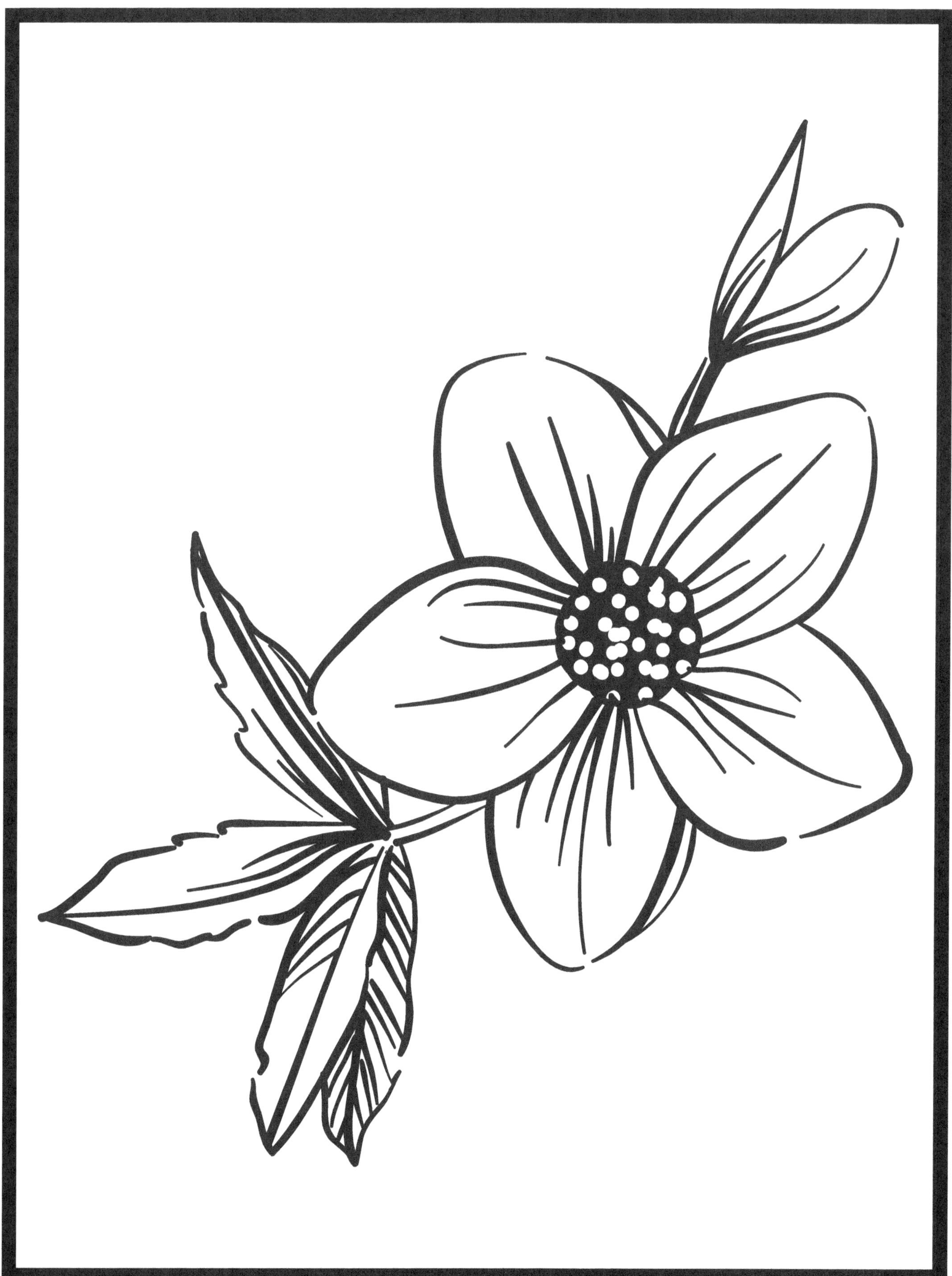

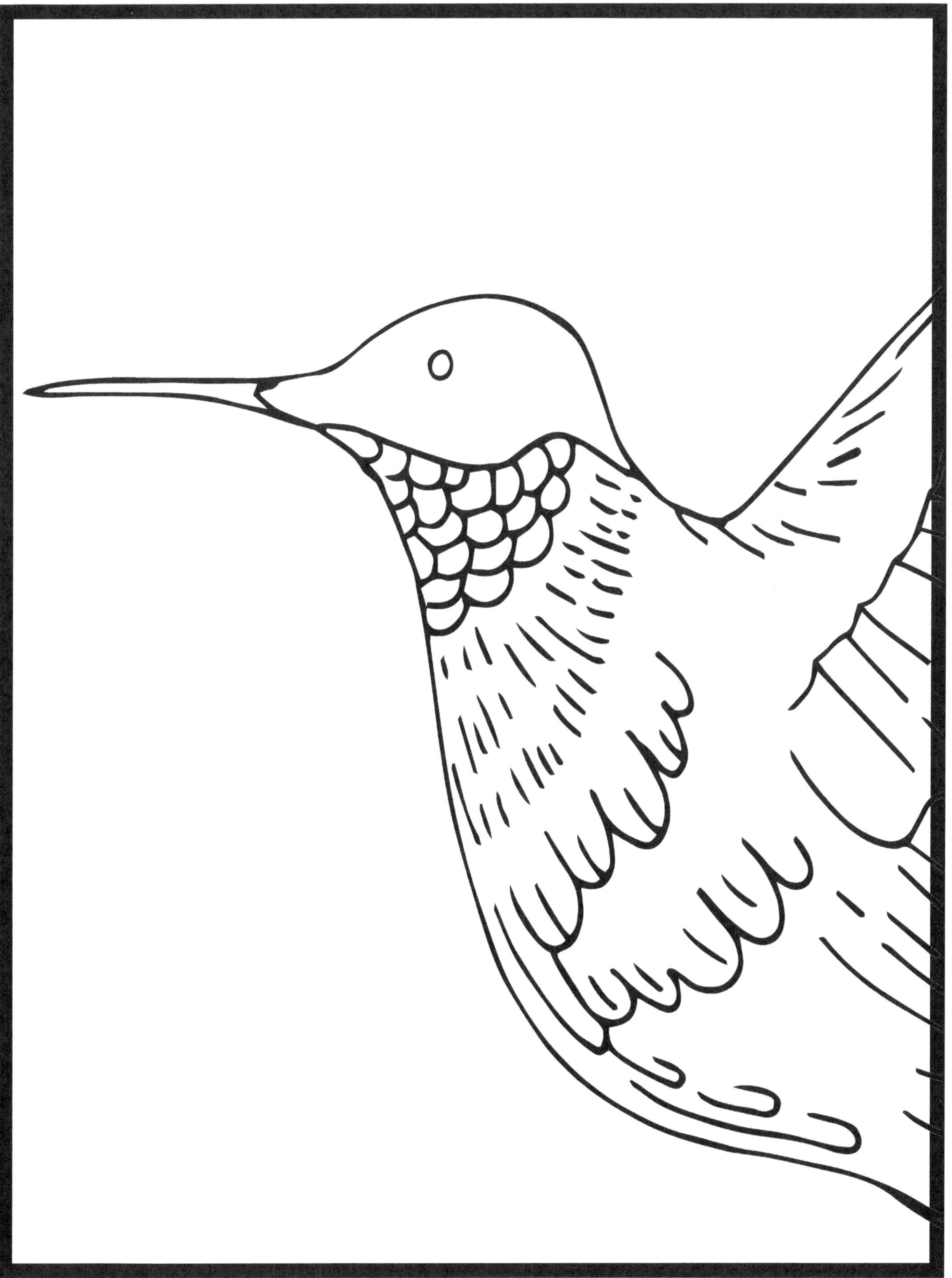

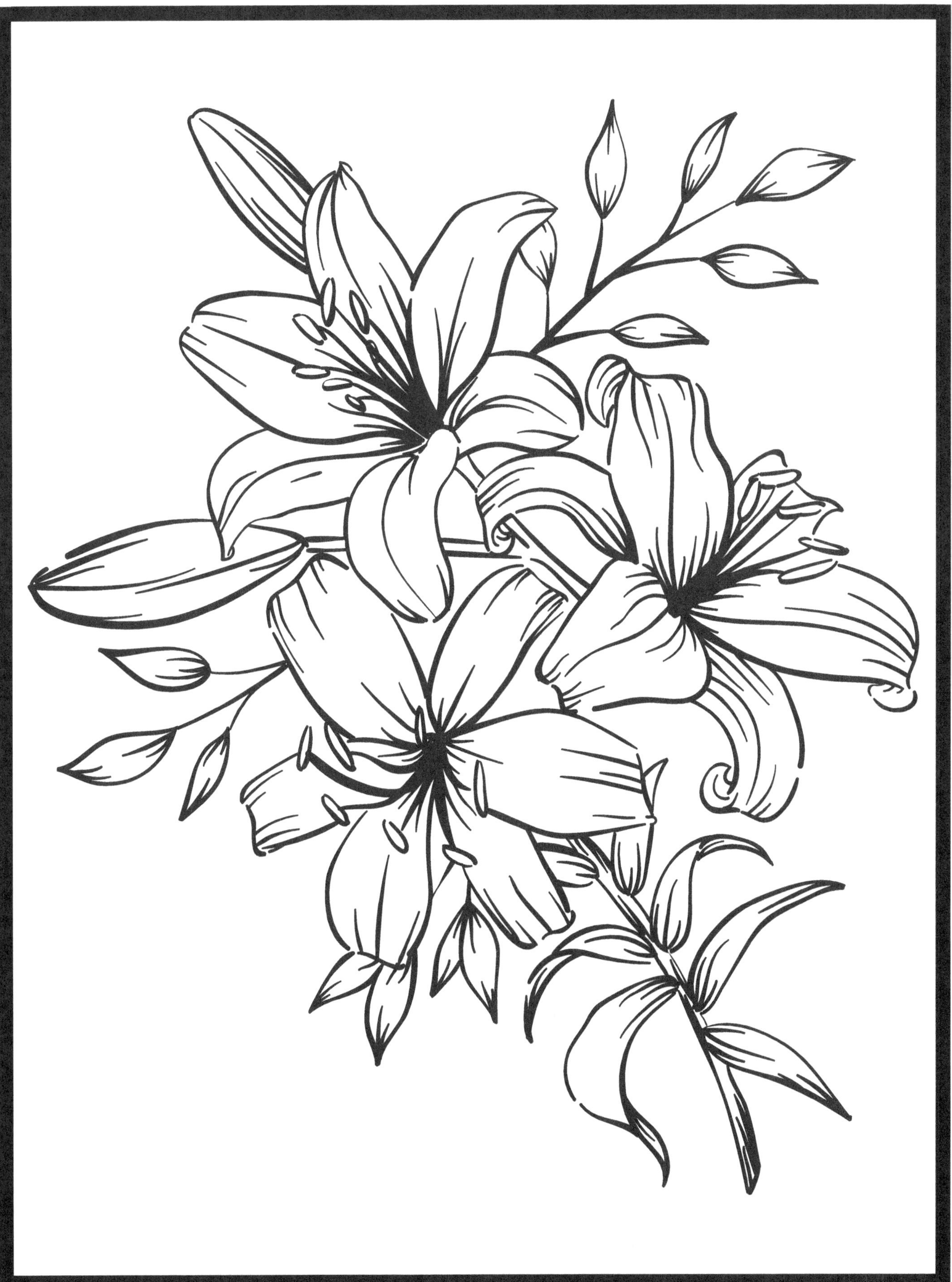

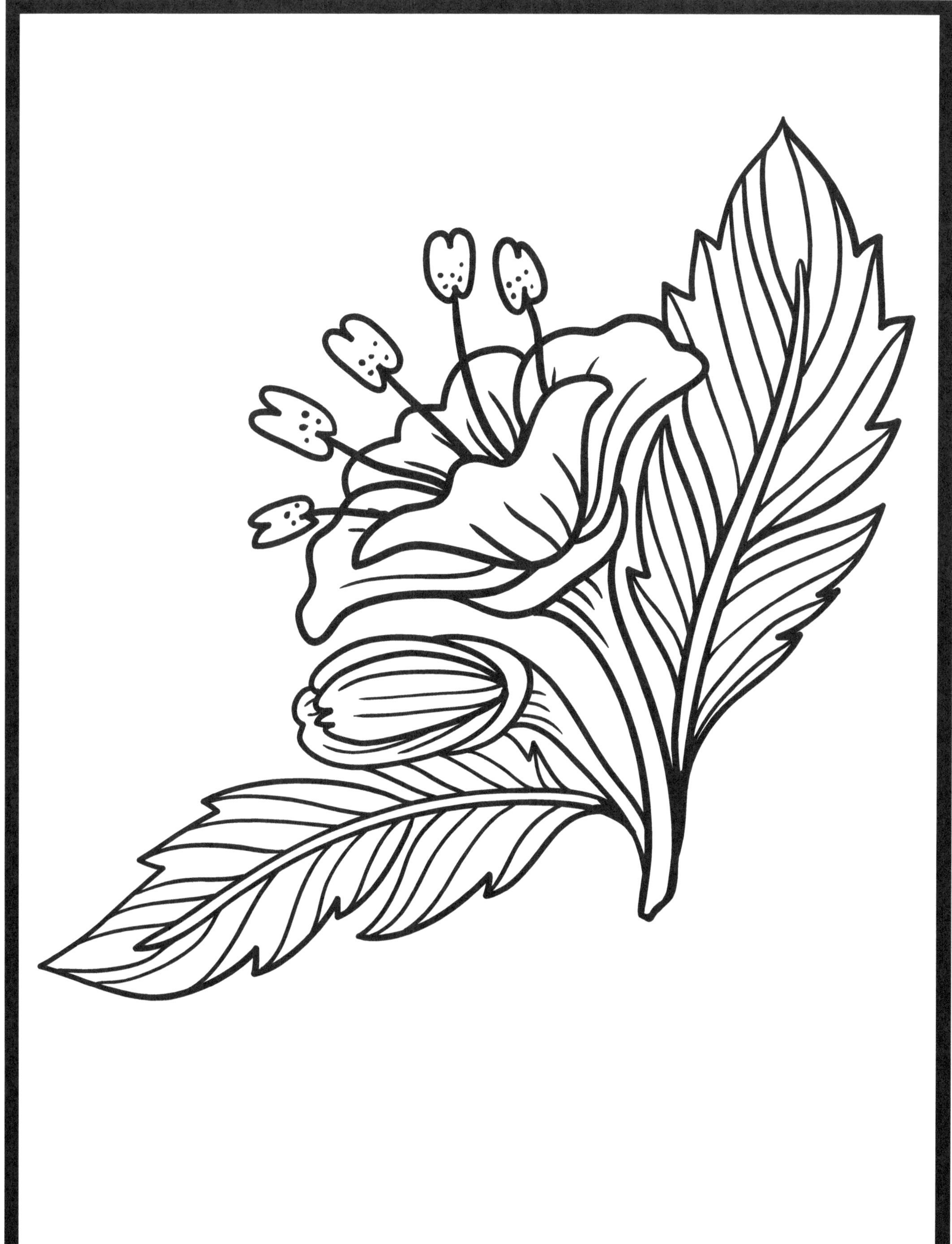

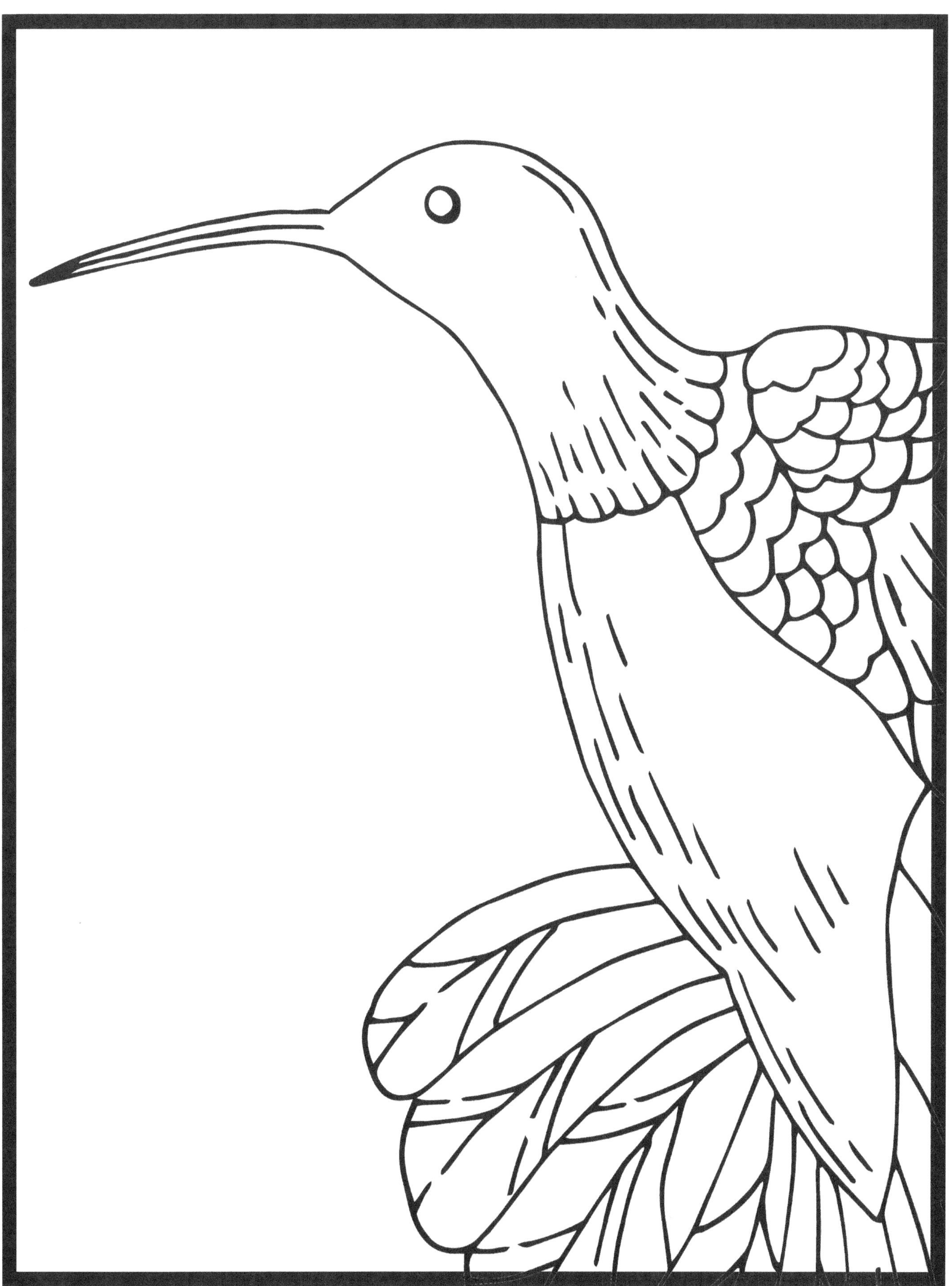

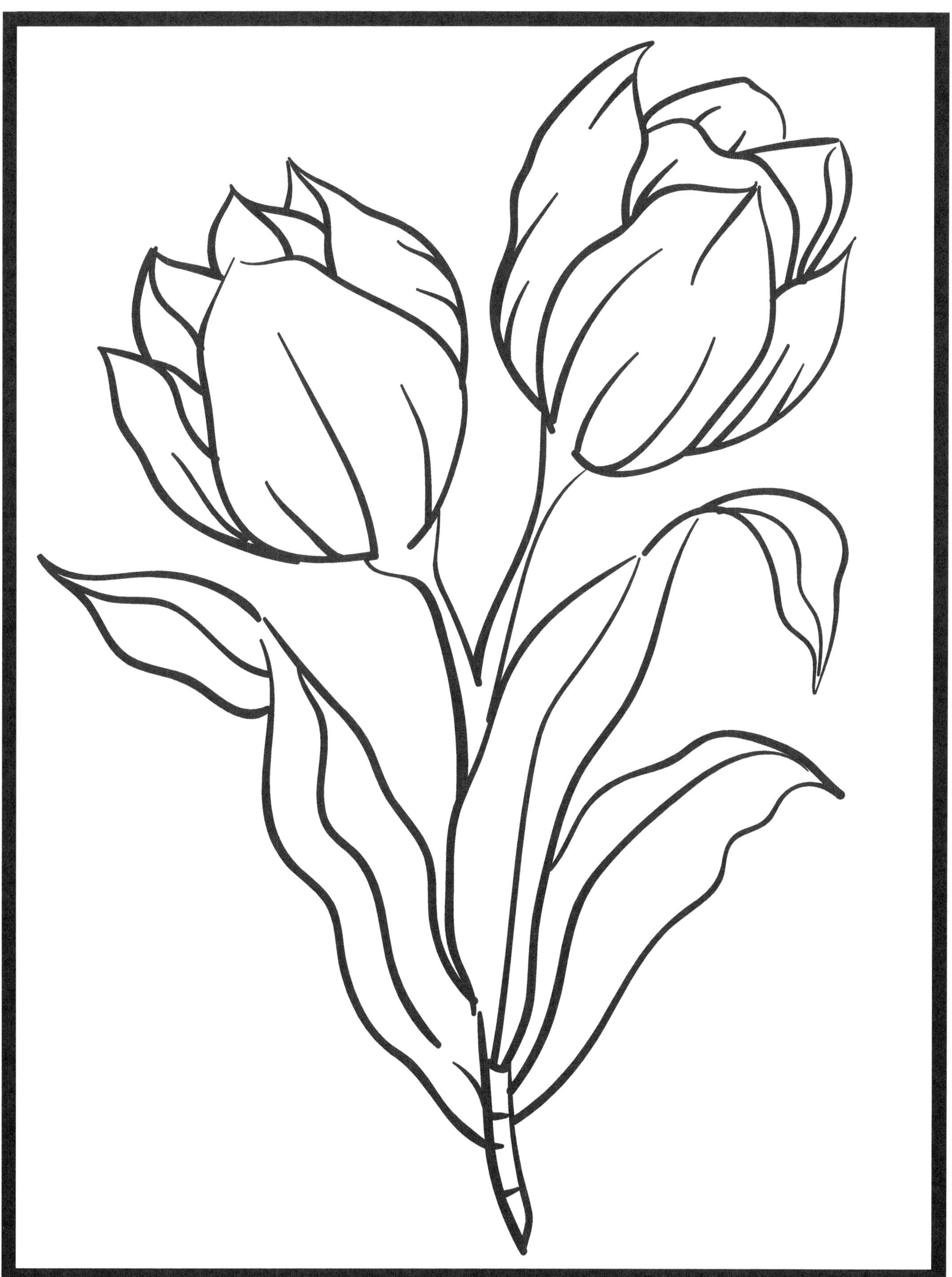

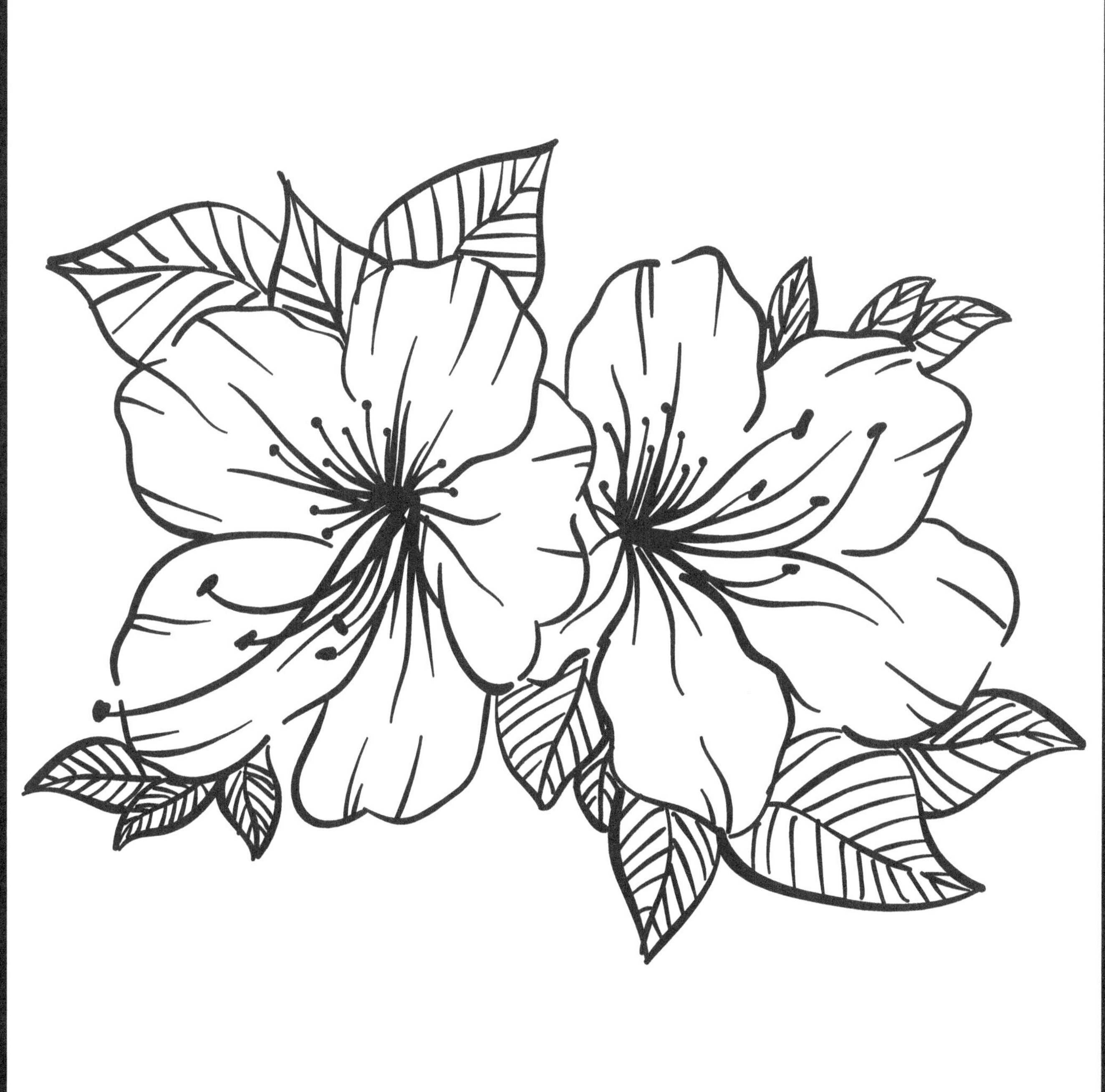

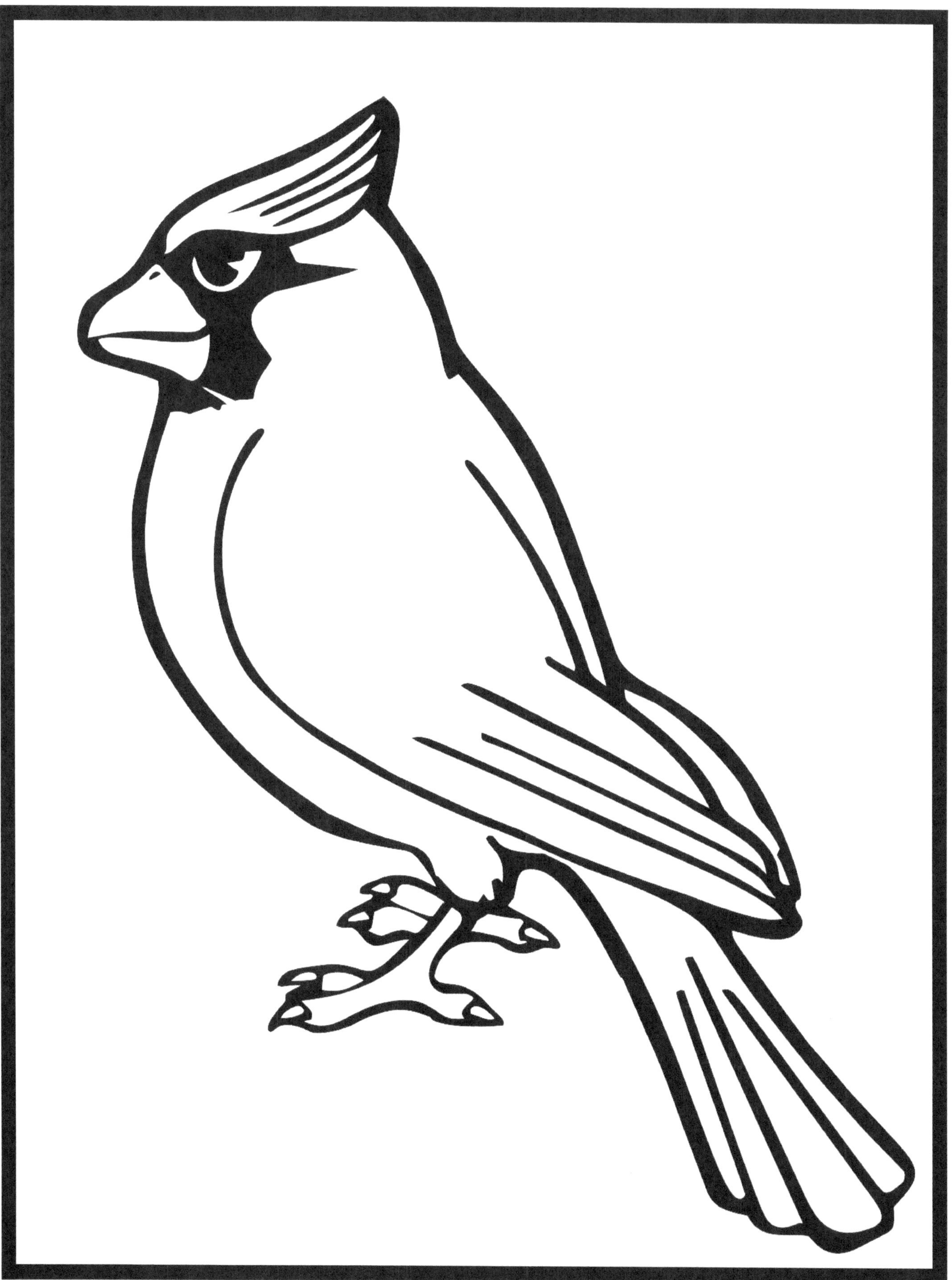

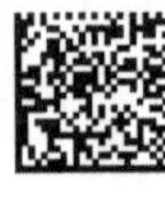

www.ingramcontent.com/pod-product-compliance
Lightning Source LLC
Chambersburg PA
CBHW080842160726
47999CB00009B/2990